# 누가
## 내 머릿속에
### 창의력을
### 심어놨지?

**일러두기**

이 책은 Springer에서 발행한 *Three Dimensional Creativity*의 한국어판입니다.

카이스트 이광형 교수의 3차원 창의력 개발법

# 누가 내 머릿속에 창의력을 심어놨지?

이광형 지음

문학동네

# 차례

# 프롤로그

---

## 창의력이란
## '어제의 나'와는
## 다른 생각을 하는 힘이다

나는 특별한 재능을 갖고 있지 않다.
오직 열정으로 가득한 호기심을
갖고 있을 뿐.

**알베르트 아인슈타인**

창의력이란 무엇인가? 간단히 말해서 새로운 생각을 해내는 힘이다. 새로운 생각이란 다른 사람과는 다른 생각, 또는 어제의 나와는 다른 생각을 말한다.

우리의 생각은 외부 자극이 없으면 현실에 고착된다. 현재 내가 있는 시점, 내가 있는 위치, 내가 관심을 둔 분야에 생각이 고정되는 것이다. 이렇게 생각이 특정 상황에 갇혀 있으면 거기에서 벗어나기 어렵다. 기존과는 다른 생각은 사고가 자유로운 상태에서 나오기 쉽다. 공상을 많이 하는 사람이 참신하고 독특한 생각을 많이 해내는 것은 바로 이 때문이다.

## 질문은 뇌를 새로운 공간으로 이동시킨다

새로운 생각을 하기 위해서는 현실 고착에서 벗어나야 한다. 현실에서 벗어나면 새로운 환경을 만나게 된다. 그리고 우리 뇌는 그 새로운 환경에 자극을 받는다. 자극을 받은 뇌는 활성화되어 이전과는 다른 아이디어를 떠올린다. 그래서 여행을 하면 새로운 아이디어를 얻게 된다는 말도 있고, 독서가 생각을 넓히는 데 도움을 준다는 말도 있는 것이다. 여행이나 독서를 하면 현실에서 벗어나 직접·간접적으로 새로운 환경을 만나고 자극을 받기 때문이다.

그런데 항상 여행만 하거나 독서만 할 수는 없다. 뇌를 자극하는 다른 방법이 없을까? 있다. 바로 '질문'이다. 뇌는 질문을 받으면 자

**"** 질문은 뇌를 자극하고 **"**
새로운 곳으로 생각을 이동시킨다

극된다. 그리고 그 질문이 가리키는 곳으로 생각을 이동시킨다. 예를 들어 2025년의 겨울철 운동에 관한 질문을 받으면, 우리의 생각은 2025년으로 이동하고 그때의 겨울철 운동에 대해 궁리하게 된다.

가끔 학교나 회사에서 어떤 문제가 주어지면, 그 해결을 위해서 몇몇이 모여 브레인스토밍을 한다. 브레인스토밍은 여러 사람이 함께 토론하는 것인데, 이때 주고받는 말이 곧 상대방에게 던지는 질문이 된다. 내가 하는 말이 상대방에게 질문이 되고, 상대방의 말이 내게 질문이 된다. 즉 브레인스토밍이란 질문의 핑퐁게임이라고 할 수 있다. 이와 같이 얘기를 주고받다보면 어느덧 새로운 생각이 떠오르고, 주어진 문제를 해결할 방법이 도출되곤 한다. 계속되는 질문이 뇌를 자극해 새로운 생각이 떠오르게 만드는 것이다.

그런데 항상 다른 사람이 우리에게 질문을 던져줄 수는 없다. 만약 자기 자신에게 질문을 할 수 있다면, 혼자 있을 때도 스스로 뇌를 자극할 수 있을 것이다. 자연히 새로운 생각도 많이 할 수 있게 된다. 즉, 창의적인 사람이란 스스로 질문을 자주, 많이 던지는 사람이라고 할 수 있다.

여기서 창의력을 개발하기 위한 두 가지 과제가 생긴다. 첫째는 스스로에게 어떤 질문을 하느냐이고, 둘째는 어떻게 스스로에게 질문하게 만드느냐이다. 먼저 첫번째 과제를 살펴보자. 질문의 내용은 모든 문제에 적용할 수 있는 범용이 되어야 한다. 사물의 가장 기본적인 요소에 대한 질문이어야 한다. 따라서 세 가지 질문을 제안한다.

(1) 시간Time 질문: 어떤 문제를 만나면, 먼저 시간을 달리해 질문해본다. 주어진 문제를 10년 후 혹은 20년 후로 옮겨 생각하면 어떻게 될까? 스스로 이런 질문을 하면, 뇌는 자극을 받고 질문이 가리키는 때로 시점을 이동한다. 새로운 시점으로 이동하면, 어느덧 우리의 뇌는 그 시점의 환경을 상상하게 된다.

(2) 공간Space 질문: 주어진 문제의 공간적인 환경을 달리해 질문해본다. 이 문제가 사우디아라비아에 가면 어떻게 달라질까? 중국에서는 어떻게 바뀔까? 이처럼 문제를 다른 공간으로 옮겨 생각해보면, 지금 발 딛고 선 곳에서는 쉽게 떠올릴 수 없는 새로운 아이디어가 샘솟는다.

(3) 분야Field 질문: 주어진 문제를 다른 분야로 옮겨 생각해본다. 음악 분야에서는 이 문제를 어떻게 볼까? 전자공학 분야에서는 어떻게 볼까? 이렇게 질문하다보면 자연스레 분야 간 융합이 일어나고, 새로운 생각이 나오기 쉽다.

여기서 제안한 세 가지 질문은 세 개의 축 위에서 주어진다. 시간축, 공간축, 분야축. 이것들을 결합하면 자연스럽게 3차원 세계가 만들어진다. 즉 입체적인 모습이 된다. 이 3차원 세계 속에서 세 개의 축을 따라 이리저리 이동하다보면 현실의 고착에서 해방되어 자유로워질 수 있다. 자유로운 상태에 놓인 뇌는 생각의 나래를 한껏 펼칠 수 있고, 그 과정에서 새롭고 참신한 아이디어가 도출된다.

앞서 말했듯, 뇌는 질문을 받으면 그 질문이 가리키는 곳으로 이동한다. 곧 질문은 우리의 생각을 인도하는 내비게이션이라 할 수 있다. 그리고 3차원 축은 우리가 3차원적으로, 즉 입체적으로 사고할 수 있게 해주는 '생각의 틀'이다. 세 가지 차원의 질문을 스스로 할 수 있으면, 우리의 뇌는 새로운 환경 속으로 여행을 하면서 훨씬 자유로워질 것이다. 그런데 이것은 어디까지나 이론일 뿐이다. 아무리 이론이 좋다고 해도 실행하지 않으면 쓸모가 없다. 반복적으로 연습해 3차원적으로 생각하는 습관을 만들어야 한다.

## 칭찬은 반복을 이끌어낸다

인간이 하는 모든 언행은 뇌가 관장한다. 그렇다면 뇌는 어떻게 인식하고 기억하고 판단하는 것일까? 이 모든 일은 뇌세포가 이루는 회로가 한다. 새로운 정보를 기억하는 일은 뇌세포 회로를 만드는 작업이다. 반복 연습을 통해 피아노를 능숙하게 치는 것도 뇌세포 회로를 만드는 일이다. 해외여행중에 시차에 적응해 현지 시간에 맞춰 활동하는 것도 새로운 뇌세포 회로를 만드는 일이다. 즉 기억은 물론, 습관도 뇌세포 회로가 만든다. 그런데 이런 뇌세포 회로는 단번에 만들어지지 않는다. 반복적인 노력을 해야만 회로가 만들어진다.

어떤 경우에 사람은 반복적 노력을 하게 되는가? 우리는 칭찬을 받으면 즐겁다. 그래서 또다시 칭찬받고 싶어진다. 칭찬받기 위해 같은

창의력이 형성되는 과정

일을 반복하게 된다. 이처럼 반복하다보면 어느덧 뇌세포 회로가 형성된다. 칭찬은 반복을 이끌어내고, 뇌세포 회로를 만들고, 습관을 만든다. 즉 우리는 질문을 통해 새로운 생각을 만들어내고, 칭찬을 통해 질문을 습관화함으로써 창의력을 기를 수 있다.

이 책에서 제시하는 이론은 내가 30년 동안의 연구와 교육 현장에서 얻은 경험을 바탕으로 개발한 방법론이다. 자, 이제 본격적으로 창의력 개발에 나서보자.

# PART — 01

# 질문이

# 뇌를 바꾼다

# CREATIVE
# STORY
# 1-1

---

천재는
'생각하는 방법'이
다른 사람이다

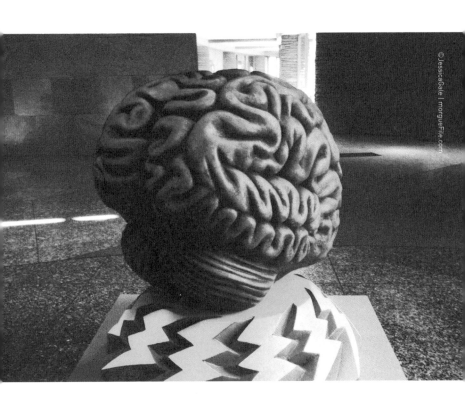

﹕물 위에서 배를 타고 벌이는 경기 가운데 카누와 래프팅이 있다. 카누는 잔잔한 호수에서 노를 빨리 저어 정해진 코스를 나아가는 경기이다. 여기서는 주장의 구령에 따라 일사불란하게 힘을 쓰는 것이 중요하다. 이에 반해 래프팅은 계곡에서 급류를 헤치며 노를 젓는 경기이다. 언제 바위가 나타날지, 언제 소용돌이가 펼쳐질지 알 수 없다. 예측 불가능한 상황이 계속되는 가운데, 모두가 정신을 바짝 차리고 돌발적으로 나타나는 문제를 해결해나가야 한다.

1년 후조차 내다볼 수 없는 현대사회는 마치 래프팅을 하고 있는 것과 같다. 바로 다음달의 세계 경제도 정확히 예측하기 어렵다. 위태로운 세계 금융 시스템은 언제 어떻게 변할지 몰라 불안하다. 내년에는 또 어떤 제2·제3의 스티브 잡스가 등장해 산업계에 지진을 몰고 올지

불확실성인 장악한 현대사회는
마치 래프팅을 하는 것과 같다

알 수 없다. 그야말로 불확실성의 시대이다. 미래는 정해진 바에 따라 발전해가는 것이 아니어서 미리 준비하기 어렵다. 그때그때 상황 변화에 발맞춰 유연하게 대응해야 한다. 따라서 이런 불확실성의 시대에는, 정형화된 지식보다 새로운 생각으로 문제를 해결할 수 있는 창의성이 더욱 빛을 발한다.

## '질문'이 만든 노벨상의 신화

이와 같이 중요한 창의성을 개발하기 위해 우리는 얼마나 많은 노력을 해봤을까? 당신은 얼마나 많은 시간을 투자해봤는가? 대다수 사람들이 창의력은 노력으로 기를 수 있는 것이 아니라고 생각한다. 창의력은 타고나는 것이어서 아무리 공부하고 연습해도 쉽게 늘지 않는다고 생각하는 것이다.

어떤 사람은 창의력을 기르려면 독서를 많이 해야 한다고 말한다. 또 어떤 사람은 여유 시간을 가지고 공상을 자주 하는 것이 중요하다고 말한다. 한 가지 문제에 집중하면 새로운 생각이 떠오른다고 주장하는 사람도 있다. 물론 이런 방법이 창의력 개발에 도움이 될 수 있을 것이다. 하지만 막연한 방법들이다. 마치 '축구를 잘하려면 열심히 연습해야 한다'라고 말하는 것과 같다. 이처럼 막연한 방법밖에 제시하지 못한다는 것은, 우리가 창의력의 속성을 제대로 이해하지 못하고 있다는 뜻이다.

창의력은 기를 수 있는가? 아니면 타고나는 것인가? 이에 대한 답을 찾기 위해 유대인의 사례를 살펴보자.

과학 분야 노벨상 수상자 중 약 20퍼센트가 유대인이라고 한다. 지구상에 약 1700만 명의 유대인이 살고 있으니, 유대인 인구는 지구 전체 인구 70억 명의 약 0.24퍼센트에 해당한다. 대체 어떻게 전 세계 인구의 0.24퍼센트에 불과한 민족이 과학 분야 노벨상의 20퍼센트를 차지한 것일까? 혹시 유대인만 특별히 창의성에 관련된 유전자를 타고나는 것은 아닐까? 그러나 이는 생물학적으로 불가능한 일이다. 유대인들은 모계를 통해서 민족의 정체성을 유지, 보존한다. 부모 중 어머니가 유대인이면 자식도 유대인이 된다. 아버지가 유대인인지는 따지지 않는다. 그런데 유전자는 무작위로 섞이기 때문에 어머니의 유전자만 계속 보존되어 자식에게 전달될 수는 없다. 따라서 유대인만 창의성에 관한 유전자를 타고났다고는 볼 수 없다.

유대인 친구를 만나서 물어봤다. 그도 정확한 이유를 알 수 없다고 대답했다. 다만 어릴 때부터 가정 내에서, 질문을 많이 하고 자기 주장을 명확히 밝히며 토론하는 것이 중요하다는 말을 자주 들었다고 했다. 가정에서 부모와 토론을 많이 했고, 학교 선생님도 질문을 많이 할 것을 권했다고 했다. 유대인 교육의 교본인 『탈무드』에도 그렇게 쓰여 있다. 결국 유대인을 유대인답게 만드는 것은 바로 『탈무드』 교육, 다시 말해 질문과 토론 위주의 교육이라는 것을 알 수 있다.

**"** 질문은 창의성의 시작이다 **"**

## 습관이란,
## 뇌세포들이 좋은 팀워크를 형성하는 것이다

교육이란 타고난 재능을 발굴해 개발하는 일이다. 타고난 것에만 의지하는 게 아니라, 인위적인 노력을 통해 능력을 개발하는 것이다. 창의력도 마찬가지다. 유대인은 『탈무드』에 쓰인 대로 많은 질문을 하고 자주 토론하면서 창의력을 기른다. 질문하고 토론하는 일을 반복하면 그것이 습관이 되어 저절로 많은 질문을 하게 되고, 그러다보면 창의성이 향상된다.

낯선 것을 익히고 기억하는 일은 곧 뇌세포 회로를 만드는 과정이다

이처럼 반복적인 노력을 통해 습관을 만들 수 있다는 사실은 뇌과학 이론으로도 충분히 설명 가능하다. 인간의 생각과 기억은 뇌세포의 네트워크에 의해 만들어진다. 뇌세포의 시냅스가 뇌세포 사이를 연결해 회로를 만든다. 노력을 통해 어떤 일을 반복하면 뇌세포 회로가 만들어지고, 따라서 이후엔 거

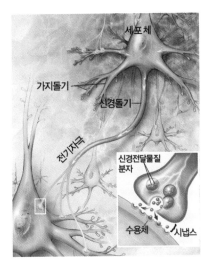

시냅스가 뇌세포 사이를 연결해
회로를 만든다

의 자동으로 그 생각이나 행동을 하게 된다. 외국어를 익히는 것도 뇌세포 회로를 만드는 것이고, 악기를 연주하는 것도 뇌세포 회로를 만드는 일이다.

우리의 모든 기억과 생각과 행동은 뇌가 주관하고 있다. 뇌 속에는 약 1000억 개의 뇌세포가 있다. 뇌세포는 혼자서는 일을 제대로 할 수 없다. 상호작용을 통해 협동해야 일을 원활히 해낼 수 있는 것이다. 이때 시냅스가 뇌세포와 뇌세포 사이를 연결해준다. 이것은 전자회로에서 수많은 전자소자가 독자적으로 일하지 않고, 서로 연결된 전자소자들이 회로를 이루어 정해진 일을 수행하는 것과 마찬가지다. 이와 마찬가지로 뇌 속에서도 뇌세포들 사이에 회로가 만들어져야 제대로 일을 할 수 있다.

전자회로는 무생물체이기 때문에 한번 회로가 만들어지면 변하지 않는다. 그러나 뇌세포는 생물체이기 때문에 회로가 변할 수 있다. 뇌세포를 자주 협동하게 만들면 그들 사이에 강한 연결이 형성되어 팀워크가 탄탄해진다. 회사에서 직원들이 자주 협동하면 팀워크가 좋아지는 것과 같다. 이처럼 뇌세포들이 좋은 팀워크를 형성해 어떤 일(기억, 판단, 행동)을 쉽게 반복하게 되는 것을 습관이라 부른다.

그렇다면 사람은 어떤 경우에 반복을 하게 되는가? 인간의 행동을 유인하는 가장 강력한 요소는 바로 쾌락이다. 쾌락은 뇌 속에서 분비되는 신경물질인 도파민에 의해서 생겨난다. 그런데 이 도파민은 '칭찬'을 받을 때도 분비된다. 그래서 칭찬을 받으면 즐거워지고, 또다시

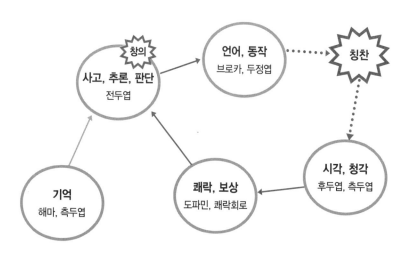

**창의력 발달 사이클**

칭찬받고 싶어진다. 칭찬받기 위해 같은 일을 반복하다보면 어느덧 뇌세포 회로가 형성된다. 반복을 이끌어내는 데는 이처럼 칭찬이 중요하다. 부모나 선생님이 바람직한 일을 하는 아이에게 칭찬을 많이 해주어야 하는 이유가 바로 여기 있다. 스스로를 자주 칭찬하는 것도 중요하다. 설사 아주 엉뚱한 발상일지라도 자신이 떠올린 아이디어를 지속적으로 칭찬하고 독려하는 자세는 창의력 개발에 있어 중요한 원동력이라는 사실을 잊지 말자.

# CREATIVE
# STORY
# 1-2

———

뇌는
질문을 받으면
자극된다

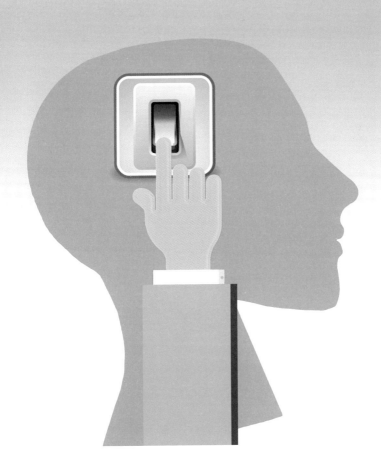

⋮우리가 어떤 것을 배울 때, 거기에는 나름의 방법론이 있다. 예를 들어, 축구를 배우는 방법을 들 수 있다. 달리기, 패스, 슈팅 등을 연습하다보면 점점 축구를 잘하게 된다. 기타를 배우는 방법도 마찬가지다. 기타의 줄을 잡고 화음을 만드는 몇 개의 코드를 익힌다. 이 코드를 조합해 연속적인 음을 내면 연주가 완성된다.

그런데 모두가 중요하다고 말하는 창의성을 개발하는 데는 정작 이렇다 할 방법이 존재하지 않는 듯하다. 축구를 잘할 수 있는 방법, 기타를 잘 칠 수 있는 방법을 묻는데, 구체적인 방법은 가르쳐주지 않고 무조건 연습을 많이 하라는 말만 해댄다면 듣는 사람이 얼마나 답답하겠는가? 이제부터 창의성을 개발하는 방법을 구체적으로 제시하고자 한다. 여기서 말하는 창의성 개발 이론은 주로 다음과 같은 논리의 전개를 따르고 있다.

- 창의성이란 새로운 것을 생각해내는 힘이다.
- 새로운 생각은 질문하는 가운데 나오기 쉽다.
- 혼자 있을 때에도 스스로 질문하는 습관을 만들어야 한다.
- 습관을 가지려면 뇌세포 회로를 만들어야 한다.
- 뇌세포 회로는 반복을 통해 만들어진다. 이때 필요한 것은 칭찬이다.
- 시간, 공간, 분야를 바꿔 질문해본다.

오래전부터 나에겐 수년 후를 생각하는 습관이 있었다. 5년 후 세상은 어떻게 될까? 10년 후, 20년 후에는 어떻게 변할까? 나의 전공인 컴퓨터, 바이오, 뇌공학이 워낙 변화가 빠른 분야라서 더욱 미래에 관심을 갖게 된 것인지도 모른다. 나 스스로도 그랬고 제자들에게도 미래지향적인 생각을 하라는 조언을 많이 했다. 시간을 이동해 질문해볼 것을 강조한 것이다.

시간뿐 아니라 공간의 이동도 필요하다. 정보통신 기술의 발달은 거리 개념을 바꿔버렸다. 먼 거리에 있는 사람과도 마치 옆에 있는 듯이 정보를 교환하는 일이 가능해졌다. 세계는 하나의 도시처럼 되었다. 이와 같은 변화에 적응하기 위해 사람들은 세계화를 강조하고 있다. 세계화란 공간의 벽을 허물어 생각하는 것이다.

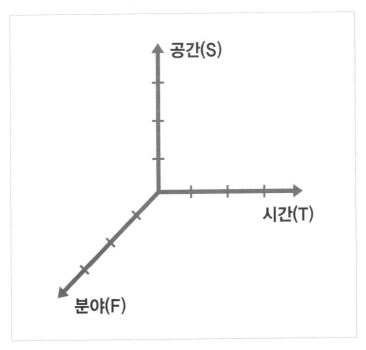

질문의 3차원 프레임

마지막으로 분야의 이동 역시 중요하다. 현대사회가 복잡해지면서 분야가 세분화되고 있다. 복잡한 사회 현상을 인간의 능력으로는 모두 이해하기 어려우니 특정 분야에 집중하게 되는 것이다. 그러다 보면 다른 분야에서 일어나는 일을 잘 알지 못하게 된다. 이를 뛰어넘어 여러 분야를 두루 살펴보면 새로운 아이디어를 얻을 수 있다. 바로 분야의 융합이다.

시간$^T$, 공간$^S$, 분야$^F$, 이 세 개의 축을 결합하면 자연스럽게 3차원 세계가 형성된다. 대부분의 사물과 현상은 T, S, F 세 가지 요소가 빠지지 않고 관련되어 있다. 따라서 우리에게 주어지는 어떤 문제라도 이 세 요소만 잘 다루면 그 핵심을 짚을 수 있다. 즉 T-S-F 3차원 프레임은 세상의 모든 문제를 다루는 생각의 프레임이다.

우리는 도로에서 길을 잃으면 내비게이션의 안내를 따라 이동하며 목적지를 찾아간다. 이와 마찬가지로 생각이 길을 잃어 방황하면, 여기서 제시하는 T-S-F 3차원 세계로 이동하면 된다. 세 개의 축을 따라가면 길을 잃지 않을 수 있다. 앞서 말했듯, 우리의 뇌는 외부 자극이 없으면 현실에 고착된다. 자기가 있는 현재 시간, 속한 위치, 관심 분야에 생각이 고정되어 있다. 그런데 외부에서 질문이 들어오면 우리의 생각은 질문이 가리키는 곳으로 이동한다. 현실 고착에서 해방되는 것이다. 질문의 3차원 프레임이라는 내비게이션을 따라 여행하면, 현실에 구속되지 않아 고정관념에서 탈피할 수 있다. 고정관념에서 벗어나면 새로운 아이디어가 나온다.

**" 고정관념에서 탈출하면 "**
새로운 아이디어가 나온다

## 질문을 습관화하는 '창의력 왼손법칙'

3차원 질문을 습관화하는 데에는 '창의력 왼손법칙'이 큰 도움이 될 것이다. 왼손을 들고 손가락 세 개를 서로 직각이 되도록 편다. 가운뎃손가락(장지)은 시간축, 집게손가락(검지)은 공간축, 그리고 엄지손가락은 분야축으로 생각한다. 그러면 3차원이 만들어진다. 새로운 문제를 만나면 손가락을 펴고, 각 손가락이 가리키는 요소를 따라서 3차원의 질문을 던져보자.

**분야**

**공간**

**시간**

창의력 왼손법칙은 시간, 공간, 분야의 3개 방향을 인지하게 해준다

우리는 20년 뒤를 내다볼 수 있을까? 물론 어려운 일이다. 많은 사람들이 미래 예측 보고서를 내지만, 적중하는 경우는 드물다. 그럼에도 불구하고 우리는 끊임없이 미래를 내다보려고 노력한다. 다가올 세상을 상상하면서 계획을 세운다. 이때 가장 중요한 것은, 우리가 꿈꾸는 미래는 현재와 다르다는 사실이다. 따라서 20년 뒤에 자신이 성공해 있길 바라는 학생은 20년 후의 세상을 목표로 준비해야 한다. 현재 세상을 보며 미래를 준비해선 안 된다.

미래를 내다보는 데 가장 중요한 방법은, 앞서 배운 것처럼 자신을 '오늘'에 고정하지 않은 채 20년 뒤의 미래 세계를 상상하는 것이다.

특히 미래를 변화시키는 7대 요소인 사회문화, 기술, 환경, 인구, 정치, 경제, 자원의 변화를 관찰하는 것이 중요하다. 이런 변화를 관찰하는 데는 역시 시간, 공간, 분야의 3차원으로 세상을 보는 것이 도움이 된다. 지금 자신이 처한 현실(시간, 위치, 분야)에서 벗어나 세상을 보는 것이다. 우리는 무의식중에 현실이라는 '벽'에 가로막혀 있다. 이 벽을 부수고 여행에 나서야 한다.

눈앞의 현실을 떠나서 바라보면, 세상을 '조감도' 보듯이 볼 수 있다. 벽에 가로막혀 있는 사람과 달리, 세상을 두루 잘 살피게 된다. 현실에 빠져 있는 사람의 눈에 당연한 듯 보이는 것이, 멀리서 보면 사뭇 다르게 보인다. 뒤에서 훈수하는 사람이 바둑판을 잘 보는 것과 같은 이치다. 새롭게 보면 '질문'이 생길 것이다. 질문은 새로운 생각을 하게 만드는 최고의 도구다.

1. 우리의 뇌는 질문이 주어지면 자극을 받고, 그 결과 새로운 아이디어를 내놓는다.

2. 우리는 쉽사리 현실에 고착되곤 한다. 이때 질문은 자신을 현실의 제약에서 벗어나게 해준다.

3. 기억과 습관 등의 모든 두뇌 활동은 뇌세포의 회로에 의해 이루어진다.

4. 뇌세포 회로는 반복적인 행동에 의해 만들어진다. 무언가 암기하려 할 때 반복 행동을 하는 이유가 바로 여기 있다.

5. 칭찬은 즐거움을 주기 때문에, 또다시 칭찬받고자 같은 행동을 반복하게 만든다. 따라서 칭찬은 신경회로를 만드는 데 매우 중요하다.

6. 스스로에게 질문하는 습관을 들이는 것은 곧 스스로 뇌에 자극을 주는 습관을 들이는 것이다. 이로써 창의력이 발달한다.

7. 어떤 문제가 주어지면 일단 3차원 프레임을 떠올려본다.

8. 시간, 공간, 분야의 축을 따라서 질문을 하다보면, 우리의 생각이 현실 고착에서 벗어난다.

9. 3차원 프레임에 따라서 질문하는 습관을 들이면 창의적인 사람이 될수 있다.

10. 창의력이 어떻게 만들어지는지 알게 되면, 창의력은 타고나는 것이라는 생각에 노력을 포기하는 일이 생기지 않는다.

## EXERCISE

1. 자신의 20년 후를 상상하며 주변 사람들에게 이야기해보자.

2. 열대 밀림 지역에서의 당신의 생활을 상상해보자.

3. 당신이 음악가라면, 전자공학에서 무엇을 배울 수 있을까?

4. 칭찬과 습관은 어떤 관계를 맺고 있는지 생각해보자.

5. 칭찬과 도파민, 그리고 신경회로 사이에는 어떤 관계가 있는지 알
   아보자.

6. 신경회로와 창의력은 어떻게 연관되어 있는지 생각해보자.

7. 미래를 예측하기 위한 가장 기본적인 방법은 무엇일까?

8. T-S-F 3차원 프레임이 창의력 개발에 왜 중요한지 생각해보자.

9. 창의력 왼손법칙을 설명하고, 이것의 효용성에 대해 논의해보자.

10. 자신의 인생을 T-S-F 3차원 프레임에 따라 설계해보자.

# PART — 02
## 시간 여행

# CREATIVE
# STORY
# 2-1

———

**생각을
자유롭게 하려면
'지금'에서
탈출해야 한다**

∷ 넥슨이란 회사가 있다. 〈바람의 나라〉〈메이플스토리〉〈카트라이더〉〈던전앤파이터〉〈마비노기〉 등의 히트작을 내놓은 온라인게임 업체다. 전 세계에서 약 3억 명이 넥슨의 게임을 이용하고 있고, 연 매출액은 1조원이 훌쩍 넘는다.

미국 경제지 『포브스』의 평가에 의하면, 넥슨의 창업자 김정주 회장의 개인 재산은 2011년 초에 20억 달러로 세계 595위를 기록했다. 그해 말에는 넥슨이 일본 주식시장에 상장되어 그의 재산이 60억 달러 수준으로 증가했다고 한다.

사실 김정주 회장은 오래전, 카이스트에 있는 나의 연구실에서 머리를 노랗게 물들인 채 공상을 즐기는 괴짜 학생이었다. 당시 그는 멀리 떨어져 있는 사람들이 함께 즐길 수 있는 컴퓨터게임을 개발하겠다고 했다. 나는 이렇게 물었다.

"컴퓨터들이 그래픽 영상을 실시간으로 주고받으려면 네트워크로 연결되어 있어야 하고, 그 속도가 메가 수준으로 빨라야 하는데, 그렇지 못하잖아?"

당시에는 인터넷이 널리 보급되어 있지 않았고, 더욱이 영상을 실시간으로 전송할 수 있는 고속 통신망도 없었다. 고작 전화선을 이용하는 PC통신만 가능한 수준이었다. 그는 이렇게 답했다.

"교수님, 앞으로 10년쯤 지나면 모든 컴퓨터가 초고속 통신망으로 연결될 것입니다. 그때 빛을 발할 수 있는 컴퓨터게임을 미리 만들겠습니다."

당시 유행하던 게임은 〈테트리스〉 같은 단순한 것들이었다. 컴퓨

"시간축 위에서"
10년 후로 이동해 생각한 것,
이것이 넥슨의 성공 비결이다

터와 사람 사이의 게임이라 네트워크가 필요하지 않았다. 사람이 컴퓨터로 게임을 즐긴다는 것만으로도 충분히 재미있다고 여기던 때였다. 그런 상황에서, 먼 거리에 있는 사람끼리 네트워크를 통해 같은 게임을 즐기게 하겠다는 생각은 공상에 가까운 것이었다. 다른 사람 같았으면 〈테트리스〉를 개량한 새로운 블록 쌓기 게임을 만들겠다는 발상에 그쳤을 것이다.

김정주 회장의 머릿속에는 '현재'가 아니라 10년 후 또는 20년 후의 '미래'가 있었다. 10년 후의 지도를 머릿속에 그려놓고 그 속에서 꿈을 꾸고 있었다. 현실에 갇힌 사람들이 그의 생각을 이해하지 못하는 것은 당연한 일이었다. 사람들은 그를 실현 가능성 없는 꿈에 빠진 몽상가로 치부했지만 그는 아랑곳하지 않았다. 그는 낮에는 강의를 듣고 밤에는 게임을 개발해 첫 작품 〈바람의 나라〉를 내놨다. 그리고 2000년대에 접어들자 초고속 통신망이 구축되기 시작했다. 그제야 사람들은 온라인게임 시장에 눈을 떴다. 이미 한참 앞서 준비해온 김정주의 개발팀이 다른 이들보다 앞서는 것은 당연한 일이었다. 시간축 위에서 자신을 10년 후 미래로 이동시켜 생각함으로써 얻어낸 결과라 할 수 있다.

시간축 위에서의 여행은 이처럼 엄청난 결과 차이를 불러온다. 그렇다면 '시간축 위에서의 여행'이란 어떤 것일까? 좀더 자세히 알아보자.

## 시간축 위에서 보면, 미래의 시간이 보인다

우리는 현재의 시점에 서 있다. 그런데 시간축 위에서 보면, 지금 우리에게 주어진 시간뿐만 아니라 10년 뒤, 20년 뒤의 시간도 보인다. 그 시간들을 향해 우리의 생각을 이동해보자. 10년 뒤인 2025년, 또는 20년 후인 2035년으로 생각을 이동할 수 있다. 방향을 바꾸어 10년 전인 2005년으로 이동할 수도 있다.

시간축 위에서는 단순히 시간을 이동하는 것뿐만 아니라 시간의 순서를 바꾸어보는 것도 가능하다. 축을 따라 시간여행을 하면서 시점의 변화에 따라 주어진 문제가 어떻게 변할지 스스로에게 질문을 해보자. 이는 거의 모든 문제에 적용할 수 있다.

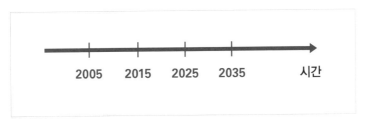

**시간축 위에서 보면 현재뿐 아니라 미래의 시간도 보인다**

일회용 컵을 떠올려보자. 일회용 컵을 편리하고 값싸고 보기 좋게 다시 만들고 싶다. 어떻게 해야 할까? 조금 전에 배운 대로 시간을 이동해가면서 생각해보자. 생각을 자유롭게 해주려면 지금의 시간에서 탈출해야 한다.

'30년 후에도 우리는 지금과 같은 종이컵을 이용하고 있을까?'

**"** 30년 후에도 지금처럼 **"**
종이컵을 이용하고 있을까?

바로 이것이다. 시간을 바꾸어 생각하면 이런 '질문'을 만날 수 있다. 10년, 20년 뒤의 사회가 어떻게 변해 있을지 먼저 생각해본다. 그렇게 바뀐 사회에서는 어떤 일회용 컵을 쓰고 있을지 생각해보면 새로운 아이디어가 떠오를 것이다.

- 분해되어 소멸되는 플라스틱컵?
- 접어서 가지고 다닐 수 있는 컵?
- 음료를 다 마신 후 먹어서 없앨 수 있는 컵?
- 재사용이 가능한 위생적인 컵?

다른 것도 생각해볼 수 있다. 자동차 마케팅 전략을 고민하고 있다고 가정하고, 그와 관련된 미래의 변화상을 떠올려보자.

- 20년 후 사람들의 생활 패턴은 현재와 어떻게 다를까?
- 자동차 이용 습관은 어떻게 변해 있을까?
- 자동차는 지금처럼 단순히 이동 수단으로만 쓰이고 있을까?
- 사람들이 자동차 안에서 지내는 시간은 어느 정도일까?
- 지금처럼 핸들을 잡고 운전을 하고 있을까?
- 사람들은 차 안에서 운전 외에 어떤 일을 하고 있을까?
- 20년 후 상품 홍보 매체는 어떻게 변해 있을까?
- 자동차를 살 때 결제 수단으로는 무엇이 쓰일까?

이렇듯 시간여행을 통해 우리는 생각을 확장할 수 있다. '지금'이라는 테두리에서 벗어나는 것만으로, 지금까지 떠올리지 못했던 아이디어를 내놓는 게 가능해지는 것이다. 자, 이제 시간축 위에서 미래의 시점으로 이동하거나 순서를 바꾸는 방법을 세 가지 작은 룰로 구체화해 제안해보겠다.

시간여행을 통해 우리는
생각을 확장할 수 있다

# CREATIVE
# STORY
# 2-2

——

## 라면 끓이는
## 순서만 바꿔도
## 창의력이 보글보글

누구나 최소한 일 년에 한 번은
천재적인 생각을 한다.
진정한 천재는
기발한 생각을 보다 자주 떠올릴 뿐이다.

리히텐베르크(물리학자)

∷시간여행의 첫번째는 T1, 순서 바꾸기다. 우리는 어떤 일을 바라볼 때 시간의 흐름에 맞게 과거에서 미래로, 또는 앞에서 뒤로 생각한다. 그런데 이 순서 바꾸기에 따라, 주어진 문제에 대해 순서를 바꾸어 질문을 던져볼 수 있다. 시간축 위에서 시간 순서를 바꿔보는 것이다. 다음과 같이 여러 각도에서 질문을 던져볼 수 있다.

- 시간 흐름을 뒤집어보면 어떨까?
- 시간 흐름을 규칙적 또는 불규칙적으로 해보면 어떨까?
- 시간 흐름을 연속적 또는 불연속적으로 해보면 어떨까?
- 나중에 할 일을 앞당겨 미리 해보면 어떨까?
- 순서를 재정렬하면 어떻게 될까?
- 특정 순서를 생략하면 어떻게 될까?

이처럼 여러 각도에서 질문을 던지면 여러 가지 생각이 도출된다.


## 새로운 생각의 법칙 01. 순서 바꾸기

사례들을 통해 조금 더 자세하게 설명하겠다. 요즘에 나오는 세탁기는 세탁물의 오염도에 따라 세탁 방식을 다양하게 조절할 수 있다. 버튼을 간단히 조작해 세탁, 헹굼, 탈수의 순서와 횟수를 조정하면 된다. 이는 세탁 작업의 순서를 재조정re-sequencing하는, 순서 바꾸기 룰을

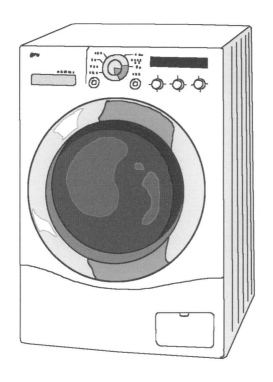

> **❝ 당신은 세탁기 버튼을 활용해 ❞**
> **창의적인 세탁을 해본 적 있는가?**

적용한 예다. 순서 바꾸기를 통해 세탁 순서와 횟수를 바꾸면 새로운
세탁 결과가 나온다는 것을 알게 되었고, 이를 적용해 새로운 제품을
개발해낸 것이다.

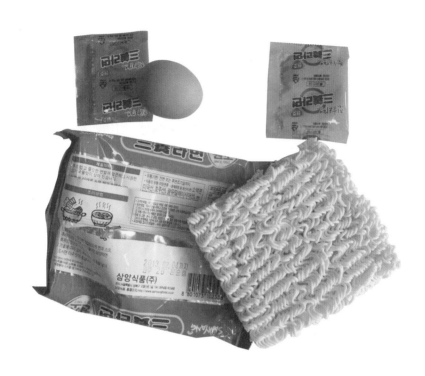

## 당신은 이 라면을 어떤 '순서'로 끓일 것인가?

여러분은 라면을 어떤 식으로 끓이는가? 대다수는 물을 먼저 끓인 뒤 면과 수프를 집어넣고, 면이 거의 다 익으면 채소와 계란 등을 넣는다. 그런데 라면을 꼭 이런 순서로 끓여야 하는지 질문해볼 수 있다. 수프를 미리 넣고 물을 끓이다가 면을 넣어도 된다. 조리 순서를 바꿈으로써 라면의 맛을 달리할 수 있다. 이렇게 끓인 라면이 좋은 맛을 낸다면, 이를 활용해 새로운 부가가치를 낼 수도 있다. 이 역시 순서 바꾸기 룰을 적용해 질문해본 또다른 예다.

국수를 만드는 과정도 들여다보자. 국수 요리에도 일반적인 순서가 있다. 먼저 면을 삶은 뒤 물을 버리고, 면을 건져 다른 그릇에 보관한다. 그리고 국물을 만들거나 첨가할 소스를 만든다. 국물이나 소스를 다 만든 다음, 면과 합해 요리를 완성한다. 여기서도 우리는 질문을 던져볼 수 있다. 왜 면 삶는 일과 국물 만드는 일이 별도로 이루어지는가? 면 삶는 일과 소스 만드는 일의 순서를 바꿔볼 수도 있지 않을까? 국수도 라면처럼 국물에 면을 넣어 한 번에 끓여 먹는 방법을 적용해볼 수 있지 않을까?

다음은 초밥이다. 초밥에는 간장과 고추냉이가 따라 나온다. 이를 활용해 초밥 먹는 절차를 달리할 수 있다. 우선 고추냉이를 푼 간장에

**❝ 간장, 고추냉이, 그리고 초밥. ❞**
**어떤 조합이 당신의 입맛에**
**가장 맞는가?**

초밥을 찍어 먹는 방법이 있다. 또 초밥을 맨 간장에 찍고, 고추냉이를 올려서 먹는 방법도 있다. 이렇게 달리해본 방법이 맛의 차이를 만든다. 간장과 고추냉이의 활용 순서가 만들어낸 차이다. 이 역시 순서 바꾸기 룰을 적용한 예라고 볼 수 있다.

옆의 그림은 생명체 속 유전자의 본체인 DNA의 이중나선 구조다. 네 개의 염기$^{base}$인 A, T, G, C가 연결된 구조를 보여주는 것으로, 염기들은 순서대로 배열되어 있다.

모든 생명체의 현상은 이 순서에 의해서 결정된다. 순서가 달라진 채 태어나면 다른 형질을 보인다. 그런데 부모로부터 유전자를 받을 때 이 순서가 바뀌기도 한다. 유전자가 복제될 때 크로스오버(순서가 뒤바뀌는 일)가 발생하기도 한다. 또한 돌연변이에 의해서 일부 유전자가 없어지거나 전혀 새로운 유전자가 끼어들기도 한다. 이처럼 유전자의 순서가 바뀜으로써 새로운 형질이 나타나는 현상도 순서 바꾸기 룰에 의한 변화라 볼 수 있다.

유전자변형식품, 즉 GMO 옥수수의 경우도 생각해볼 수 있다. 현재 우리가 먹고 있는 옥수수 중 상당량은 유전자변형을 통해 생산된 것이다. 생산성 높고 질병에 강한, 인공적으로 만든 옥수수 품종이다. 인류는 식량 문제 해결을 위해 이처럼 생산량을 획기적으로 증대한 GMO 작물을 계속 개발해내고 있다. 이러한 유전자변형 역시 순서 바꾸기 룰을 적용한 예라고 할 수 있다.

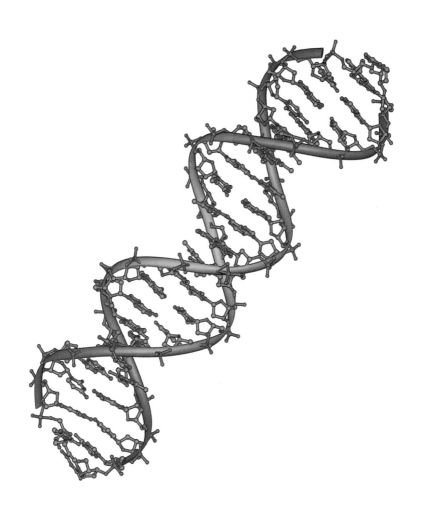

**"** 유전자 순서가 바뀌어 **"**
새로운 형질이 나타나는 현상도
순서 바꾸기에 의한 변화다

ABS 브레이크는 왼쪽과 같이,
기존의 브레이크는 오른쪽과 같이 작동한다

또다른 순서 바꾸기 적용 예를 보겠다. 자동차 운전중 속도를 줄이려면 브레이크를 밟아야 한다. 그런데 비나 눈이 내려 미끄러워진 도로에서 브레이크를 잘못 밟았다간 차가 바로 서지 않고 오히려 미끄러질 수 있다. 이런 현상을 막고자 ABS 브레이크가 개발되었다. 기존의 브레이크는 돌아가는 바퀴를 계속 붙잡는 방식을 쓴다. 그런데 ABS 브레이크는 바퀴를 연속적으로 잡지 않고 불연속적으로 잡는다. 이로써 자동차가 미끄러지지 않고 제대로 설 수 있게 해준다. 이것 역시 순서 바꾸기 룰을 적용한 질문으로 얻어낸 결과물이다.

이번에는 수식을 보자.

(1)    $y=-2x+1+x^2$

(2)    $y=x^2-2x+1$

(3)    $y=(x-1)^2$

(1)번 식 $y=-2x+1+x^2$에서 x라는 값과 y라는 값 사이에 어떤 관계가 있는지 단번에 알기는 쉽지 않다. 그럼 이제 (2)번 식을 보자. (1)번 식에서 항의 순서를 바꾸어 $y=x^2-2x+1$이라는 식을 만들었다. 이렇게 놓고 보니 이 수식을 (3)번 식, 즉 $y=(x-1)^2$으로 다시 변형할 수 있다. 그 결과, 그래프가 보여주는 바와 같이 '아, 2차원 곡선식이 되는구나'라고 생각할 수 있게 된다.

각 항의 순서를 바꿈으로써 새로운 아이디어를 얻은 것이다. 이 역시

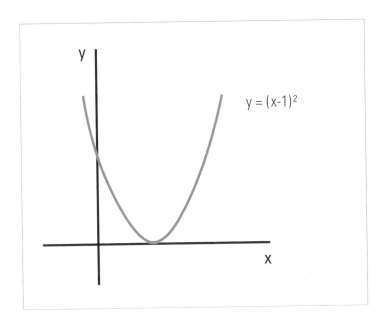

수식에 순서 바꾸기 룰을 적용한 것으로, 이로써 x와 y의 관계를 시각적으로 그려볼 수 있게 되었다.

새롭고 낯선 것은 익숙함과 결별할 때 비로소 나타난다. 익숙한 순서를 바꿔보는 것, 그것이 창의력의 시작이다.

**❝** 익숙함에서 벗어나는 것, **❞**
그것이 창의력의 시작이다

# CREATIVE
# STORY
# 2-3

---

**생각의 속도가 바뀌면
생각의 방향도 바뀐다**

**:** 이제는 시간여행의 두번째 룰을 소개하겠다. T2, 속도 바꾸기다. 시간축 위에서 속도를 바꿔서 질문해봄으로써 새로운 아이디어를 얻는 것이다. 주어진 문제에 대해 아래와 같은 질문을 던져보자.

- 속도를 높이면 어떻게 될까?
- 속도를 낮추면 어떻게 될까?
- 속도를 균일하게 조정하면 어떻게 될까?
- 속도를 서서히 상승시키면 어떻게 될까?
- 속도를 서서히 감소시키면 어떻게 될까?
- 속도를 일정하게 하지 않고, 주기적으로 변화시키면 어떨까?

## 새로운 생각의 법칙 02. 속도 바꾸기

먼저, 자전거를 타는 상황이다. 자전거를 탈 때 속도가 0에 가까워지면 자전거는 넘어진다. 어느 정도 속도를 확보해야 자전거는 넘어지지 않는다. 자전거의 발명은 이러한 원리에서 착안한 것으로, 속도 바꾸기 룰을 적용하여 질문해본 데서 비롯된 것이라 할 수 있다.

속도를 바꾸어 새로운 움직임을 창안한 예는 이 밖에도 다양하다. 피겨스케이팅 선수가 선보이는 일련의 아름다운 동작들은 속도를 확보하지 않고는 실행할 수 없다. 일정 속도 이상의 스케이팅을 유지해야 넘어지지 않고 움직일 수 있고, 또 속도를 높이거나 낮춤으로써 여

피겨스케이팅과 스케이트보드는
일정 수준 이상의 속도를 확보해야
묘기를 시도할 수 있다

러 가지 기술 구사와 연기가 가능해진다. 비슷한 예로 스케이트보드
가 있다. 이 또한 일정 수준 이상의 속도를 확보해야 묘기를 시도할 수
있다. 이 역시 속도 바꾸기 룰을 적용한 사례다.

여기 팽이가 있다. 팽이 또한 돌지 않고 멈추면 옆으로 넘어져버린
다. 일정 수준 이상의 속도를 유지해야 회전 상태를 유지할 수 있다.
이것도 속도를 변화해 새로운 움직임을 만들어낸 예다.

**" 돌면 서고 멈추면 눕는 팽이. "**
이 작은 장난감에도
속도 바꾸기 룰이 숨어 있다

## **❝** 속도 바꾸기로 얻어낸 **❞**
## 짜릿한 쾌감 종결자,
## 낙하형 놀이기구

놀이공원에 있는 낙하형 놀이기구를 보자. 떨어질 때의 짜릿함을 만끽하고자 타는 건데, 천천히 내려온다면 누가 이 놀이기구를 타겠는가? 탑승객이 소리를 지르지 않고는 못 배길 만큼 빠른 속도로 떨어져야 제맛이다. 인위적인 급강하를 통해 얻은 새로운 부가가치로, 이 또한 속도 바꾸기 룰을 적용한 예다.

　항공모함에서의 상황을 보자. 함재기가 이륙할 때와 착륙할 때 중
언제가 더 위험할까? 바로 착륙할 때다. 항공모함은 공간적 제약 때
문에 활주갑판을 길게 만들 수 없다. 이 짧은 활주갑판에서 비행기는
무사히 착륙해야만 한다. 만약 활주갑판 내에서 정상적으로 정지하지
못하면 어떻게 될까? 당연히 바다에 빠지고 만다.

　이러한 사고를 예방하기 위해 고안된 장치가 있다. 위 그림에서와
같이, 함재기는 착륙할 때 꼬리에 달린 갈고리를 내린다. 이 갈고리가
항공모함의 활주갑판에 설치된 쇠줄에 걸리며 강력한 제동을 돕는다.
이로써 비행기는 활주갑판 내에서 안전하게 정지할 수 있다. 함상의
쇠줄은 비상 상황에 대비해 네 개가 설치되어 있다. 만약 갈고리가 첫
번째 줄에 걸리지 않으면 두번째 줄에 걸리기를 바란다. 그래도 안 되
면 세번째, 네번째 줄에 걸리기를 기대한다. 끝내 걸리지 않으면? 바
다로 추락하고 마는 것일까? 다행히 이런 최악의 사태를 예방하기 위
한 방법도 마련되어 있다.

　일반적으로 비행기는 착륙시 속도를 줄인다. 반면 함재기는 항공모함에 착륙을 시도할 때 최고 속도로 내려온다. 그 상태에서 활주갑판 바닥의 쇠줄에 갈고리가 정상적으로 걸리면 속도를 줄여 착륙을 마치면 된다. 하지만 네번째 줄에도 걸리지 않으면 함재기는 그대로 다시 이륙한다. 빠른 속도를 유지하고 있기에 재이륙이 가능하다. 비행기가 착륙할 때 감속해야 한다는 고정관념에서 벗어나, 오히려 속도를 최고로 높임으로써 짧은 활주갑판으로 인한 사고의 위험을 해소한 것이다. 속도 바꾸기 룰을 적용한, 매우 극적인 예라 할 만하다.

　위의 사진은 서울 인사동에 있는 어느 카페의 의자를 촬영한 것이다. 이 의자는 바닥에 설치된 레일을 따라 앞뒤로 움직인다. 지나가던 사람들의 호기심을 자극해, 밖에서 구경하는 사람도 많고 직접 들어와 앉아보는 사람도 많다. 어린 시절 시소를 타던 추억을 되살린 듯한 이 의자 역시, 속도 바꾸기로 얻은 아이디어라 할 수 있다.

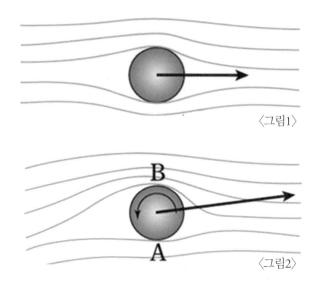

〈그림1〉

〈그림2〉

　야구에서 커브볼의 원리를 살펴보자. 투수가 던지는 공은 앞으로 나아가면서 살짝 방향을 바꾸기도 한다. 이러한 현상은 공의 속도와 회전에서 비롯된다.

　〈그림1〉은 공이 회전하지 않고 앞으로 나아가는 모습이다. 회전하지 않는 공은 속도가 높아도 휘지 않고 직진한다. 반면 〈그림2〉는 공이 회전하며 앞으로 나아가는 모습이다. 나아가는 공의 표면 중 A 부분에서는 공기의 속도가 느리고, B 부분에서는 공기 속도가 빠르다. 속도가 빨라지면 그 부분의 압력이 낮아진다. 공은 자연히 압력이 적은 쪽으로 휘어지고, 이게 곧 커브볼이다. 이처럼 베르누이의 정리로 잘 설명되는 커브볼의 역학 또한, 속도 바꾸기가 만든 마술이라 할 수 있다.

사실 전문적인 이론이나 원리를 알지 못하는 이상, 속도를 바꾸었을 때 어떤 일이 벌어질지 정확히 예측하기란 쉽지 않다. 하지만 중요한 것은, 속도 바꾸기의 결과 예측이 아니라 속도를 바꾸어보는 발상의 전환 그 자체다.

　창의력의 핵심은 '정확도'가 아니라 '참신함'에 있다. 그것이 실현 가능한 생각인지 아닌지는 중요하지 않다. 실현이 가능하든 불가능하든 계속 생각을 해보는 것이 중요하다. 그 과정에서 세상에 없던 것을 창조하는, 전혀 새로운 생각이 탄생하는 것이다.

# CREATIVE
# STORY
# 2-4

___

## 포스트잇은
## '발명'이 아니라
## '발견'이다?

창의력은 발명이라기보다 발견이고,
결과가 아니라 과정이다.

박웅현(광고기획자)

⦂시간여행의 세번째 룰은 T3, 해석 바꾸기다. 우리에게 주어지는 데이터는 많은 경우 시간축 위에 놓여 있다. 해석 바꾸기 룰은 이 데이터들 가운데 예외적인 상황에 대해서 새롭게 해석해보는 것이다. 그러기 위해서는 데이터를 그래프로 그려봐야 한다. 이를 통해 시간축 위에서 보이는 예외적인 상황에 대해 질문해볼 수 있다.

- 예외적인 데이터가 보이는가?
- 예외적 데이터는 어떤 그래프를 그리는가?
- 예외적 데이터는 증가 혹은 감소하고 있는가?
- 예외적 데이터에 어떤 패턴이 존재하는가?
- 데이터의 패턴을 원하는 모양으로 만들려면 어떻게 해야 할까?


## 새로운 생각의 법칙 03. 해석 바꾸기

다음 그래프를 보면 데이터가 시간축 위에 그려져 있다. 이 그래프에서 급격히 상승한 데이터가 보인다. 일반적으로 실험이나 측정을 할 때, 이상 현상을 보이는 데이터가 나오면 무시하고 넘어가는 경우가 많다. 실험이나 측정이 잘못 이루어진 결과라고 생각하기 때문이다. 그러나 이때 질문을 던져봐야 한다. 이 돌출적인 데이터를 해석하다 보면 새로운 사실을 발견할 수도 있기 때문이다. 예외적 데이터가 종종 뜻밖의 비밀을 품고 있음을 기억해야 한다.

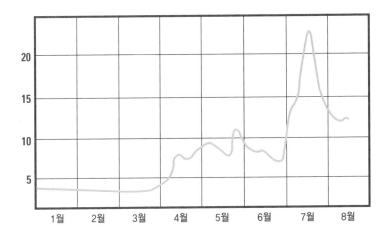

아래 그래프에서는 데이터들의 값이 점차적으로 증가함을 확인할 수 있다. 이와 같은 결과를 마주할 때, 이것이 실제로 증가 혹은 감소하는 경향을 지닌 것인지 질문해봐야 한다. 그리고 이런 현상에 대해 새로운 해석이 가능한지 확인해야 한다. 즉, 해석 바꾸기 룰을 적용해보는 것이다.

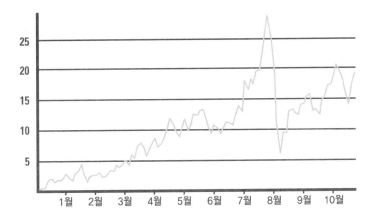

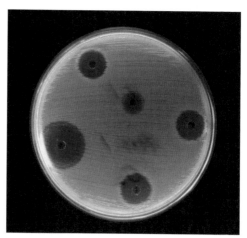

**페니실린을 발견한 플레밍,
그리고 푸른곰팡이**

알렉산더 플레밍의 페닌실린 발견은 해석 바꾸기의 좋은 예다. 어느 날 휴가를 다녀온 플레밍은, 자신이 실험하던 세균 배양 접시가 밖에 놓여 있는 것을 보고는 그것을 폐기하려고 했다. 세균이 번식해 실험을 망쳤기 때문이다.

그런데 접시 안 일부에서 세균이 죽어 있는 것을 발견했다. 그 부분에는 바로 푸른곰팡이가 있었다. 플레밍은 푸른곰팡이가 있는 곳에서 세균이 죽었다는 사실을 예사롭지 않게 여겼다. 그리고 계속 연구한 끝에, 푸른곰팡이가 세균을 죽이는 역할을 한 게 사실임을 확인했다. 그가 만약 이 예외적인 데이터를 무시했다면 페닌실린은 그처럼 빨리 탄생하지 못했을 것이다. 결국 그는 페닌실린이라는 항생물질을 개발함으로써 인류의 건강 증진에 큰 공헌을 했다.

여기 포스트잇이 있다. 전 세계인의 일상과 함께하는 매우 편리한 접착식 메모지다. 사실 이 제품은 생활용품 제조업체 3M의 실패한 프로젝트에서 비롯되었다. 새로 개발하던 강력접착제가 기대만큼 단단히 붙지 않고 쉽게 떨어져서 실패작이 되었는데, 나중에 그 용도를 바꾸었

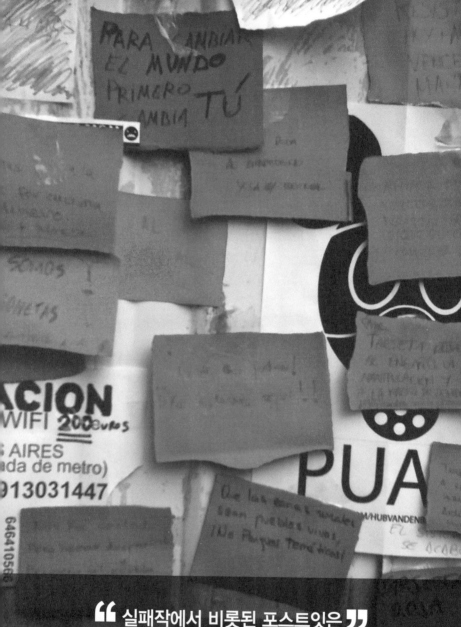

**실패작에서 비롯된 포스트잇은**
이제 일상 곳곳의 필수품이 되었다

다. 붙였다 뗐다 할 수 있는 메모지의 접착제로 활용한 것이다. 히트 작 포스트잇은 이렇게 탄생했다.


## 시간축 위에서 떠나는 시간여행

모든 사람은 성공을 꿈꾼다. 그리고 그 꿈을 실현하기 위해 노력한다. 그런데 사람들은 언제쯤 성공을 이루길 바랄까? 내일? 다음달? 내년? 5년 후? 성공을 꿈꾸는 사람 대부분은 내일 당장 성공하기를 바라지는 않는다. 물론 그렇게 할 수도 없다. 5년 후 또는 10년 후쯤, 준비할 시간을 충분히 가진 뒤에 성공하길 바랄 것이다. 특히 어린 학생들의 경우에는 자신들이 성장한 후의 시간을 가정한다. 예를 들어, 현재 15세인 학생은 30대가 되었을 때 자신이 성공해 있기를 기대할 것이다. 현재로부터 20년 후의 일이다.

이처럼 20년 후의 성공을 기대한다면, 어떻게 준비해야 할 것인가? 당연히 자신이 성공해 있기를 꿈꾸는 시간인 2030년대를 상상하며 준비해야 한다. 그러기 위해서는 스스로 현실의 구속에서 벗어나야 한다. 자신을 현실에서 벗어나게 하는 방법이란, 바로 시간축 위에서 스스로에게 질문을 해보는 것이다.


- 20년 후의 세상은 어떻게 달라져 있을까?
- 20년 후에는 어떤 스마트기기를 사용할까?

©Fabio Rose | Unsplash.com

**"** '지금'에서 해방되면 **"**
자유롭게 상상의 날개를
펼 수 있다

- 20년 후에는 어떤 교통수단을 이용할까?
- 20년 후의 학교는 어떤 모습으로 변해 있을까?
- 20년 후의 TV는 어떻게 변해 있을까?

이렇게 시간축 위에서 시간여행을 해보자. 10년 후 또는 20년 후의 세계로 여행을 떠나면, '오늘'이라는 시간에 붙들려 있는 자신을 해방할 수 있다. 오늘의 현실에서 해방된 자신은 훨씬 자유롭게 상상의 날개를 펼치고 새로운 생각을 많이 해낼 수 있다. 이처럼 미래를 생각하는 과정에서는 현실의 어려움을 극복하는 힘도 얻을 수 있다. 현재는 고통스러워도 미래에는 좋은 결과를 얻으리란 희망을 가지면, 현실 극복은 보다 쉬워진다.

호아킴 데 포사다와 엘런 싱어가 지은 『마시멜로 이야기』란 책이 있다. '오늘 먹고 싶은 마시멜로를 참고 아껴두면 내일 더 큰 보상이 돌아온다'는 내용이다. 이 책은 현실의 유혹을 참고 기다리며 내일을 준비하라는 교훈을 전한다. 바로 여기에도 시간축 위에서의 질문이 적용되었다고 볼 수 있다. 인생을 하루 단위로 생각하면 눈앞의 마시멜로를 오늘 당장 먹어버리고 싶어진다. 그러나 인생을 보는 눈을 보다 길게 가진다면, 지금 절제함으로써 나중에 더 많은 마시멜로를 먹을 수 있다는 생각으로 나아가게 된다. 마시멜로를 눈앞에 두고도 먹지 않는 인내는, 미래를 위해 실력을 쌓는 노력과 상통한다. 10년 후의 인생을 내다보는 습관을 가진다면, 고통스러운 순간을 비교적 쉽게 견딜 수 있다.

　다른 이와 다투어 화가 났을 때도 마찬가지다. 몹시 화가 나면 그 순간 어떤 방법으로든 화풀이를 하고 싶어진다. 그러나 이때도 1년 후로 이동해 생각해보면 현재 달아오른 감정을 삭일 수 있다. 지금 자신을 흥분하게 만드는 대부분의 일들이 1년 후에는 별것 아니기 때문이다. 이렇게 시간축을 따라 자신을 미래의 시점으로 이동시키면 평정심을 찾을 수 있다.

# SUMMARY

1. 무의식중에 우리는 현재 시점에 고착되어 있다. 이 현실 고착을 깨는 건 바로 질문이다.

2. 시간에 관한 질문을 만나면, 우리의 생각은 질문이 가리키는 시점으로 이동한다.

3. 시간축 위에서 자신을 이동시키면, 우리의 생각은 현실 고착에서 해방된다.

4. T1, 순서 바꾸기 룰을 적용해 질문을 던져보자.

   ● 시간 흐름을 뒤집어보면 어떨까?

   ● 시간 흐름을 규칙적 또는 불규칙적으로 해보면 어떨까?

   ● 시간 흐름을 연속적 또는 불연속적으로 해보면 어떨까?

   ● 나중에 할 일을 앞당겨 미리 해보면 어떨까?

   ● 순서를 재정렬하면 어떻게 될까?

   ● 특정 순서를 생략하면 어떻게 될까?

5. T2, 속도 바꾸기 룰을 적용해 질문을 던져보자.

   ● 속도를 높이면 어떻게 될까?

   ● 속도를 낮추면 어떻게 될까?

   ● 속도를 균일하게 조정하면 어떻게 될까?

   ● 속도를 서서히 상승시키면 어떻게 될까?

   ● 속도를 서서히 감소시키면 어떻게 될까?

   ● 속도를 일정하게 하지 않고, 주기적으로 변화시키면 어떨까?

6. T3, 해석 바꾸기 룰을 적용해 질문을 던져보자.

- 예외적인 데이터가 보이는가?

- 예외적 데이터는 어떤 그래프를 그리는가?

- 예외적 데이터는 증가 혹은 감소하고 있는가?

- 예외적 데이터에 어떤 패턴이 존재하는가?

- 데이터의 패턴을 원하는 모양으로 만들려면 어떻게 해야 할까?

# EXERCISE

1. 스마트폰 메뉴 순서에 T1, 순서 바꾸기 룰을 적용해 질문을 해보면 어떠한 변화가 생길까?

2. 수학의 인수분해 과정에 적용할 수 있는 룰은 무엇일까?

3. 자전거를 타고 곡선 도로를 달리는 동작에 적용해볼 수 있는 룰은 무엇일까?

4. 자전거를 타고 출발하는 동작에 시간여행의 세 가지 룰을 적용해 보자.

5. 햄버거를 만드는 과정을 떠올리며, 여기에 세 가지 룰을 적용해 보자.

6. 무중력상태의 우주정거장 속에서 물을 마시는 동작을 떠올리며, 여기에 세 가지 룰을 적용해보자.

7. 토네이도가 생기는 과정을 정리해보고, 토네이도가 생기지 않게 하려면 어떻게 해야 할지 생각해보자.

8. 파리를 잡는 동작을 떠올려보자. 파리가 도망가기 전에 잡으려면 어떻게 해야 할까?

9. $y = -4x + 4 + x^2$에 순서 바꾸기 룰을 적용해 y의 값을 알아보자.

10. 매직펜의 뚜껑을 닫지 않으면 잉크가 말라서 펜을 쓸 수 없게 된다. 이것을 개선하기 위해 어떤 질문을 할 수 있을까?

# PART ─ 03
## 공 간 여 행

# CREATIVE
# STORY
# 3-1

———

## 싸이월드와
## 페이스북의 운명을
## 가른 것은?

앞에서 우리는 시간축 위에서의 이동을 안내하는 내비게이션을 보았다. 이제 두번째 내비게이션을 소개하겠다. 공간축 위에서의 이동을 안내하는 내비게이션이다. 공간 내비게이션은 현재의 위치에 고착되어 있는 우리를 공간축 위에서 다른 곳으로 이동시켜준다. 주어진 문제가 다른 위치로 옮겨가면 어떻게 변할지, 또는 새로운 모양을 적용하면 어떻게 변할지, 공간 속에서 변화를 추구해보는 것이다.

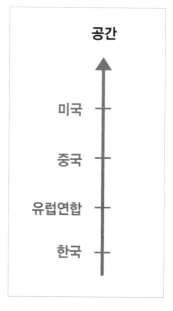

공간축은 우리를 다른 장소로
안내하는 내비게이션이다

앞서 언급했던 일회용 컵을 다시 예로 들어보겠다. 새로운 일회용 컵을 만들어보자. 아이디어가 떠오르지 않아 난감한가? 그렇다면 공간축 위에서 위치를 바꾸어보는 질문을 던져보자.

- 우리가 사용하는 종이컵을 다른 나라에서도 사용할까?
- 알래스카에서는 어떤 일회용 컵을 사용할까?
- 알래스카 사람들은 어떤 음료수를 마실까?
- 사우디아라비아의 환경에는 어떤 일회용 컵이 적합할까?
- 밀림 지역의 환경에는 어떤 일회용 컵이 적합할까?

- 선박에서 쓰기 좋은 일회용 컵은 어떤 형태일까?
- 항공기에서 쓰기 좋은 일회용 컵은 어떤 형태일까?

이렇게 생각을 거듭하다보면 전혀 새로운 형태와 재질의 일회용 컵을 고안할 수 있다. 새로운 위치와 환경을 가정한 생각 속에서 새로운 아이디어를 도출해내는 것이다.


## 싸이월드가 페이스북에 밀린 이유

싸이월드는 한때 한국을 대표하는 사회관계망 서비스$^{SNS}$였다. 형용준씨가 1999년에 동료들과 함께 창업해 서비스를 시작한 이 SNS는, 카이스트 연구실에서 공부한 신뢰 기반의 정보 공유 시스템을 구현해낸 것이다. 2001년에 미니홈피 서비스를 개시하며 회사가 크게 성장했고, 2003년에는 SK커뮤니케이션즈에 통합되었다. 국내 가입자 수가 1000만 명에 달했던 이 선구적인 SNS는, 그러나 오늘날 페이스북 등 후발 주자에 밀려 맥을 못 추고 있다.

여기서 싸이월드가 쇠퇴한 이유를 알아보자. 페이스북은 싸이월드보다 한참 뒤에 생겨났다. 하버드대 학생이었던 마크 저커버그가 2004년에 장난처럼 만든 이 SNS는 사용자가 폭발적으로 늘어, 현재 전 세계에 걸쳐 10억 명 넘는 사람들이 쓰고 있다. 반면 싸이월드 사용자는 급격히 줄어들었다. 무엇이 이런 차이를 만들었을까?

물론 여러 이유가 있을 것이다. 그중 가장 큰 이유는 싸이월드가 지역적인 한계를 극복하지 못했다는 점이다. 물론 싸이월드도 국내에서의 성공을 기반으로 세계화를 위한 노력을 했다. 그런데 국내에서 그렇게나 인기 있는 서비스가 해외에서는 호응을 얻지 못했다. 서비스가 한국적인 문화에 너무 깊이 뿌리를 내리고 있었기 때문이다. 서비스 제품은 하드웨어 제품과 완전히 다르다. TV나 선박 등 하드웨어 제품은 한번 팔고 나면 고객의 애프터서비스 요구만 잘 처리해주면 된다. 그러나 서비스 제품은 종합적이고 다면적인 유지 관리 서비스를 고객의 요구에 앞서 지속적으로 제공해야 한다. 상호 작용이 계속되기 때문에 문화적인 특성이 개입할 수밖에 없다.

다들 알다시피 나라에 따라 혹은 문화권에 따라, 사람들이 선호하는 색상이나 형상 등은 조금씩 다르다. 따라서 웹사이트에 적용되는 색상과 디자인도 지역마다 다르다. 웹사이트의 메뉴 디자인과

**페이스북은 지역적 한계를 벗어난 생각으로 세계적인 성공을 거뒀다**

서비스 방식, 인터페이스에도 조금씩 차이가 있다. 그런데 전 세계에 걸쳐 서비스를 제공하는 글로벌 기업의 웹사이트를 보면, 세계인이 보편적으로 좋아하는 색상과 디자인, 인터페이스가 적용되어 있음을 확

인할 수 있다. 지역적 특성을 넘어 세계인의 보편적인 관점에서 제작된 것이다.

아이폰 신화를 쓴 애플은 어땠는가? 스마트폰을 사용할 때 화면 속 자판의 디자인, 문자 입력 방식, 저장해둔 전화번호를 찾는 순서, 손가락으로 자판을 누르는 방식 등은 사람과 기계 사이의 인터페이스다. 다시 말해, 일종의 언어라 할 수 있다. 언어는 문화다. 이런 인터페이스는 문화권에 따라 선호하는 스타일이 조금씩 다르다. 그런데 스티브 잡스의 애플은 전 세계 모든 사람이 거부감 없이 받아들일 수 있는 기막힌 인터페이스를 구축해냈고, 이는 제품의 성공으로 직결됐다.

페이스북은 어땠는가? 역시 전 세계에 걸쳐 거부감 없이 받아들여지는 방식으로 서비스를 설계했다. 그 설계를 바탕으로 웹사이트 또한 세계인이 좋아하는 방식으로 만들었다. 전 세계 사람들은 자연스레 페이스북에 매료될 수밖에 없었다.


## 새로운 지형, 새로운 문화, 새로운 아이디어

싸이월드와 페이스북의 사례는 '공간의 구속'에서 벗어나는 것이 얼마나 큰 힘을 발휘할 수 있는지를 보여준다. 페이스북의 성공은 단순히 세계적인 인기를 얻었기에 대단한 것이 아니다. 공간적 한계를 뛰어넘어 전 세계 사람들의 사랑을 받은 '열린 아이디어', 그리고 그것을 떠올리고 구현해낸 그들의 노력에 우리는 주목해야 한다.

새로운 지형, 낯선 문화, 색다른 환경을 만나면 새로운 아이디어가 떠오르기 쉽다. 당신의 생각을 한곳에 가두지 마라. 몸은 '이곳'에 있더라도 머리는 '저곳'을 여행할 수 있어야 한다. 이처럼 공간을 뛰어넘는 생각은 창의력에 있어 중요한 도구다. 이제 공간축 이동의 세 가지 룰을 소개하겠다.

**❝** 몸은 '이곳'에 있더라도 **❞**
머리는 '저곳'을 여행할 수 있어야 한다

# CREATIVE STORY 3-2

—

창조는
'물건'이 아니라
'가치'와 '용도'를
만드는 일이다

:공간축에서의 첫번째 룰은 S1, 모양 바꾸기다. 아래와 같이 공간 속에서 형태 변화를 모색하는 질문들을 던져보자.

- 직선 형태를 띤 물체를 곡선으로 바꿔보면 어떻게 될까?
- 대칭형을 띤 물체를 비대칭형으로 바꾸면 어떻게 될까?
- 단속적으로 되어 있는 것을 연속적으로 만들어보면 어떨까?
- 단단한 물체를 탄력성있게 만들면 어떻게 달라질까?
- 밋밋한 물체를 오돌토돌하게 만들면 어떻게 달라질까?

## 새로운 생각의 법칙 04. 모양 바꾸기

가정에서 사용하는 주방용 칼을 보자. 칼은 보통 매끈하고 날카로운 날을 가지고 있다. 날이 무뎌지면 숫돌에 갈아 다시 날카롭게 만들어 사용해야 한다. 그런데 위 사진 속 칼을 보면, 날이 톱처럼 울퉁불퉁하다. 칼날에 톱니가 달렸다니, 이상하지 않은가? 이 칼은 날을 갈지 않고도 식재료가 잘 썰리도록 개선한 제품이다. 톱질할 때처럼 앞뒤로 움직이면 톱니로 인해 식재료가 잘 썰릴 뿐만 아니라, 무뎌진 날을 숫돌에 가는 번거로움도 피할 수 있다.

　이번엔 주방용 가위를 보자. 여러 용도로 편리하게 쓰이는 주방용 가위에도 한 가지 단점이 있다. 오래 쓰다보면, 두 개의 날이 연결된 회전축 부분에 이물질이 끼어 뻑뻑해지곤 한다. 이 문제를 해소하기 위해 이 가위의 회전축 부분에는 새로운 디자인이 적용되었다. 두 날을 손쉽게 분리할 수 있도록 한 것이다. 이로써 이물질을 제거한 후 다시 원활하게 가위를 사용할 수 있게 되었다.

　이 가위에는 이용자의 편의를 돕는 또다른 요소가 있다. 가윗날이 만나는 지점 바로 앞을 보면, 한쪽 날이 둥그렇게 파여 있는 게 보인다. 여기에 자르고자 하는 식재료를 끼움으로써 가윗날에 밀리지 않고 잘 잘리도록 고안한 것이다. 이 또한 모양을 바꿈으로써 새로운 부가가치를 만든 사례다.

　정리하자면, 이 주방용 가위에는 두 개의 모양 바꾸기 룰이 적용되어 있다. 하나는 두 가윗날의 연결부를 분리할 수 있게 해서 이물질 제

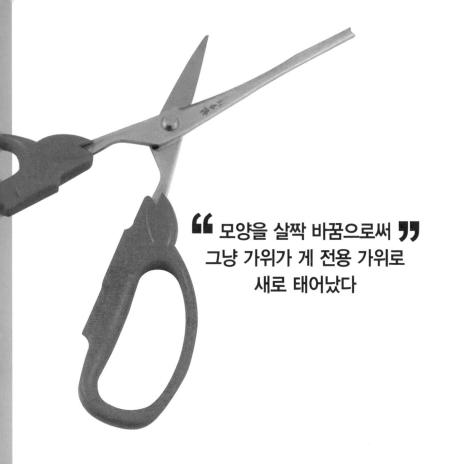

> **모양을 살짝 바꿈으로써 그냥 가위가 게 전용 가위로 새로 태어났다**

거를 쉽게 한 것, 다른 하나는 한쪽 가윗날을 둥그렇게 파서 식재료의 미끄러짐을 방지한 것이다.

　게살을 먹는 데 쓰는 가위도 있다. 보통의 가위는 두 날의 길이가 같지만, 이 가위는 모양을 바꿔 한쪽 날은 길게, 한쪽 날은 짧게 만들었다. 긴 쪽이 좀더 가늘고 뾰족하다. 이 가늘고 긴 가윗날을 이용해 게 다리의 속살을 파먹을 수 있다. 가위의 모양을 간단히 변형해 게살을 파먹는 도구로 재창조한 것이다.

골프공도 모양을 바꿈으로써 부가가치를 얻은 예다. 공이 멀리 나아가게 하려면 표면을 매끄럽게 만들어야 한다고 생각하기 쉽다. 그런데 골프공은 그와 달리 표면이 오돌토돌하다. 이는 전진하는 공의 뒤편에서 생기는 와류, 즉 공기의 소용돌이 현상을 줄이기 위한 설계다. 와류는 물체의 진행을 방해하는 힘으로 작용하는데, 골프공의 오돌토돌한 표면이 이 와류를 줄임으로써 비거리를 향상시킨다.

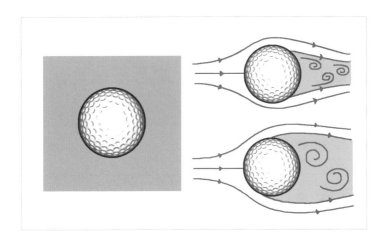

**❝ 골프공의 ❞
오돌토돌한 표면은
공의 비거리 향상을 돕는다**

다음으로 국자를 보자. 국자는 보통 국물을 뜰 때 사용하는데, 건더기까지 한꺼번에 건져야 하는 경우도 있다. 이를 위해 국자에 요철을 만들었다. 이로써 국물과 건더기를 한꺼번에 쉽게 건져올릴 수 있다. 이것도 일반적인 국자에서 모양을 바꿈으로써 새로운 기능을 얻은 모양 바꾸기의 예다.

**❝ 국물과 건더기를 한꺼번에! ❞**
**간단한 모양 바꾸기로**
**새 기능을 얻은 국자**

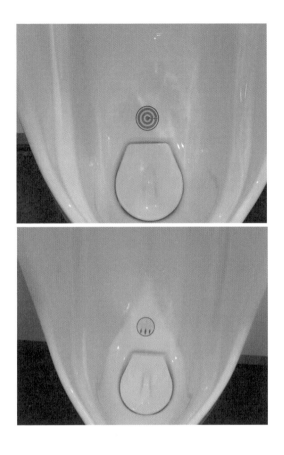

　모양바꾸기 룰을 적용한 재미난 예를 살펴보자. 남자용 소변기와 그 주변은 소변이 튀어 더러워지기 십상이다. '조준 실패' 때문인데, 이를 막고자 소변기 안쪽에 표적을 설치했다. 소변기 안의 골대나 양궁 과녁, 불꽃 그림을 발견한 사람들은 무의식중에 그곳을 '정조준'해 소변을 보게 된다. 자연히 소변기 밖으로 소변이 흐르는 경우가 줄어든다. 소변기의 모양을 바꿈으로써 화장실 청결을 꾀한 사례다.

다음은 한 국산 자동차를 위에서 내려다 본 모습이다.

사람은 물체를 좌우 대칭으로 만들려는 본능을 갖고 있어서, 자동차 역시 대부분 좌우 대칭형으로 제작한다. 그런데 여기 제시한 자동차는 대칭의 관습을 깼다. 문이 두 개 달린 차의 우측면과 달리, 좌측면엔 뒷문을 없애고 앞문 하나만 달았다. 도로 구조상 별로 쓰이지 않

**❝ 좌우 비대칭의 독특한 외관으로 ❞**
**'괴물차'로 불린 국산 자동차**

는 좌측 뒷문을 과감히 없애는 대신, 운전석 문을 넓혀 운전자가 타고 내리기에 더욱 편리하다. 비대칭으로의 변형을 통해 운전자의 편의성을 높이고 독특한 디자인을 뽐내는 동시에, 업체는 제작비를 절감하는 이득을 보게 되었다.

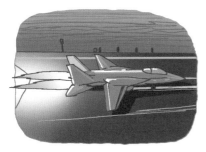

함재기가 항공모함에서 이륙하는 모습을 보자. 여기서도 모양을 바꾸어 성능 향상을 이룬 예를 찾아볼 수 있다. 제트엔진을 단 비행기는 연소 가스를 고속으로 내뿜어 얻은 추진력으로 앞으로 나아간다. 그런데 항공모함의 활주갑판은 길이가 짧기 때문에, 여기서 이륙하려면 비행기는 더 큰 추진력을 확보해야 한다. 이를 위해 고안된 장치가 있다. 바로 '배기편향판'이다.

활주갑판에서 비행기가 이륙하려고 할 때, 그림과 같이 비행기 후방의 바닥에 누워 있던 배기편향판이 세워진다. 제트엔진에서 뿜어져 나오는 연소 가스가 이 판에 부딪히면 반동력이 더해진다. 이로써 큰 추진력을 얻은 비행기는 짧은 활주갑판 위에서도 이륙할 수 있다. 아울러 배기편향판은 비행기 후방의 사람과 장비를 보호해주는 역할도 한다. 이 또한 모양을 바꿔 부가가치를 얻은 좋은 예다.

이번엔 여러 종류의 타이어를 보자. 접지면에 난 홈이 다양한 형태임을 알 수 있다. 타이어의 접지면과 나란한 방향으로 홈이 팬 종류를 리브형이라고 부른다. 리브형 타이어는 자동차 진행 방향과 나란히 난 홈 덕분에 옆으로 미끄러지지 않고 열이 적게 발생한다. 따라서 고속 주행에 유리하다. 반면 타이어 접지면의 좌우 방향으로 홈이 팬 종류를 러그형이라 부른다. 러그형 타이어는 자동차의 진행 방향과 직각으로 난 홈 덕분에 노면과 마찰하는 힘이 강해 구동력과 제동력이 좋다. 또 열이 잘 배출되기 때문에 트럭에서 많이 사용된다.

이 둘을 혼합한 비대칭형도 있다. 리브-러그형이라 불리는 이 타이어는, 자동차 진행 방향과 나란한 홈과 직각 방향인 홈이 섞여 있다. 그리고 혼합된 홈들이 좌우 비대칭을 띠고 있다. 리브형과 러그형의 장점을 모두 가져왔기 때문에 구동력과 제동력이 좋으면서 타이어 마모도 적고, 회전시 타이어 바깥쪽 접지력도 좋다. 접지면 모양을 바꿈에 따라 이처럼 다양한 종류의 타이어가 탄생했다.

다음으로 카누를 보자. 일반적인 형태의 카누는 큰 파도를 만나면 옆으로 넘어지기 쉽다. 그래서 오래전부터 카누를 이용해온 섬이나 해안 지역의 원주민들은 카누의 모양을 변형해 넘어지지 않도록 했다. 카누 옆에 '아웃리거'라 불리는 보조 부력 장치를 단 것이다. 아웃리거 카누는 일반 카누에 비해 무게중심이 훨씬 낮으므로 거친 파도에도 잘 넘어지지 않는다.

**❝** 근정전과 북악산이 이루는 **❞**
약간의 비대칭이
풍경의 여유로움을 살려준다

마지막으로 경복궁 근정전을 보자. 이곳을 볼 때마다 나는 우리 조상의 여유와 슬기를 느낀다. 경복궁 뒤편에 북악산이 있는데, 근정전 정면에서 바라보면 산과 건물이 일직선상에 있지 않다. 평범한 사고를 하는 사람이라면, 근정전을 북악산과 일직선상에 놓아 거대한 좌우 대칭을 이루는 게 좋지 않을까 하고 생각할 것이다. 그러나 한양 도성을 설계한 정도전은 이 둘을 약간 어긋나게 배치하는 기지를 발휘했다. 만약 근정전과 북악산이 일직선상에 놓여 완벽한 대칭을 이루었다면, 그 풍경을 매일 보는 사람은 지루함을 느꼈을 것이다. 약간의 비대칭성을 가미한 정도전의 지혜와 미적 감수성 덕분에, 수백 년 뒤를 사는 우리는 근정전과 북악산이 이루는 여유로운 풍경을 만끽하게 되었다.

# CREATIVE
# STORY
# 3-3

———

거꾸로 보기만 해도
새로움이 보인다?

⋮이제 공간축 위에서 적용하는 두번째 룰을 보겠다. S2, 즉 위치 바꾸기다. 다음과 같이 공간 속에서 대상의 위치를 변경해보는 질문을 던져보자.

- 대상의 위치를 위로 올려보면 어떨까?
- 대상의 위치를 아래로 내려보면 어떨까?
- 무게중심을 아래로 내리면 어떨까?
- 무게중심을 위아래로 변화 가능하게 하면 어떨까?
- 대상의 무대를 지역 내로 한정할 것인가?
- 대상의 무대를 글로벌하게 확장할 것인가?
- 대상의 무대를 이곳이 아닌 다른 곳으로 설정해보면 어떨까?

## 새로운 생각의 법칙 05. 위치 바꾸기

이제 여러 사례를 들어 설명하겠다. 먼저 롤리폴리 화분을 보자. 이 화분은 흙이 수분을 충분히 머금고 있는 상태에서는 바로 서 있지

만, 수분이 부족할 때는 옆으로 눕는다. 화분의 기울기를 보고 물을 줘야 할 때를 쉽게 알도록 한 것이다. 무게중심의 변화를 활용한, 아이디어가 반짝이는 제품이다.

물건을 들어올릴 때 허리를 다치지 않으려면 어떻게 해야 할까? 자세를 최대한 낮춘 상태에서 물건을 들고, 그대로 천천히 일어서면 된다. 몸의 무게중심을 하체로 낮춰 허리에 실리는 하중을 줄이는 것이다. 이 역시 위치 바꾸기를 통해 얻는 이로움이다.

**" 물건을 "
들어올리는 데도
위치바꾸기 룰을
적용할 수 있다**

　다음으로 벽걸이 세탁기를 떠올려보자. 우리가 사용하는 일반적인 세탁기는 실내 공간을 많이 차지한다. 세탁기가 차지하는 자리만 줄여도 주거 공간을 훨씬 여유롭게 쓸 수 있을 것이다. 이에 착안해 등장한 제품이 바로 벽걸이 세탁기다. 바닥에 놓이던 세탁기를 위로 들어올려 벽면에 설치함으로써 실내 공간을 보다 여유롭게 활용할 수 있게 되었다. 또 세탁물을 넣고 꺼내기도 좀더 수월하다. 위치를 조절해 생활의 편리함을 향상시킨 좋은 예다.

수식을 하나 들여다보자.

(1)  $y = \dfrac{10}{\sqrt{20}}$

(2)  $y = \dfrac{10}{2\sqrt{5}}$

(3)  $y = \dfrac{5}{\sqrt{5}}$

(4)  $y = \dfrac{5\sqrt{5}}{5}$

(5)  $y = \sqrt{5}$

수식 (1)을 보면 분모의 20에 루트가 씌워져 있다. $y$의 값이 얼마인지 바로 떠올리기 어렵다. 그렇다면 루트의 위치를 바꿔보자. 우선 수식 (2)처럼 $\sqrt{20}$을 $2\sqrt{5}$으로 바꾼다. 그러면 수식 (3)으로 다시 한번 정리해볼 수 있다. 그리고 수식 (3)의 분모와 분자에 동시에 $\sqrt{5}$를 곱해주면, 수식 (4)처럼 루트가 분자 위치로 올라간다. 이로써 수식 (5)로 정리되어, $y$의 값은 $\sqrt{5}$라는 것을 알 수 있다.

맨 처음 수식 (1)을 보았을 때는 $y$의 값이 몇인지 알기 어려웠다. 하지만 분모에 위치해 있던 루트를 분자로 보내는 과정을 거침으로써, 결국 그 값이 $\sqrt{5}$임을 알게 되었다. 이는 수학에서 많이 사용하는 방법이다.

**" 물이 떨어질 때 발생하는 힘으로 "**
**전기를 생산하는 수력발전소.**
**위치 바꾸기 룰에서 탄생한**
**거대한 아이디어**

이번엔 좀더 큰 규모에서 적용된 위치 바꾸기 사례들을 살펴보자. 수력발전소는 물이 위에서 아래로 떨어질 때 발생하는 힘을 활용해 전기를 생산한다. 물의 위치에너지가 터빈의 운동에너지로 바뀌고, 결국 전기에너지가 되는 원리이다. 이처럼 수력발전소는 위치 바꾸기 룰을 적용해 얻은 아이디어에서 탄생한 발전시설이다.

　이번엔 유조선의 경우를 보자. 이 배는 보통 기름을 가득 싣고 운행하지만, 간혹 기름 탱크를 비운 채로 운행하는 상황도 있다. 이때 무게중심이 위로 올라가서 배가 옆으로 넘어질 가능성이 높아진다. 이처럼 기름 탱크가 비었을 때는, 유조선 내부에 설치된 밸러스트 탱크에 물을 채워 무게중심이 아래로 유지되도록 한다. 역시 위치 바꾸기를 적용한 예다.

　마지막으로 기차역이나 버스터미널의 무인발권기에 있는 터치스크린을 생각해보자. 예매해둔 탑승권을 발급받으려면 발권기의 스크린에 뜬 버튼을 눌러 비밀번호를 입력해야 한다. 이때 뒷사람이 내가 입력하는 비밀번호를 엿볼 수도 있다. 이를 방지하는 장치가 있다. 터치스크린 버튼의 숫자 배열을 매번 무작위로 바꾸는 것이다. 따라서 뒷사람이 내 손가락의 움직임을 보더라도 어느 숫자를 입력했는지 바로 인지할 수 없다. 숫자의 위치를 바꾸어 개인정보 유출 가능성을 손쉽게 차단한 사례다.

## 공간의 구속에서 벗어나면 생각도 해방된다

앞서 살펴본 온라인게임 업체 넥슨은 한국에서 창업한 회사지만, 나중에 본사를 일본 도쿄로 옮겼다. 게임 선진국인 일본의 심장부에 들어가서 게임을 개발하기 시작한 것이다. 기획 단계부터 국제적인 감각을 갖추고 개발을 진행해나간 덕분에 해외시장을 잘 개척해나갔고, 수입의 70퍼센트 이상이 해외에서 발생한다. 공간의 구속에서 벗어나, 즉 위치 바꾸기 질문을 통해서 성공을 이룬 사례다.

또한 넥슨은 지역별 현지화 전략을 추구했다. 각 나라의 문화적 특성과 이용자들의 취향에 따라 주력 게임을 선정해 집중 홍보해왔다. 일본의 이용자들은 경쟁보다는 협력을 중시하는 경향을 보인다. 이를 고려해 〈메이플스토리〉〈테일즈위버〉〈던전앤파이터〉 등 RPG, 즉 역할수행 게임을 집중적으로 선보였다. 역할수행 게임은 이용자들이 서로 경쟁하는 것이 아니라, 각각 역할을 맡아 수행하면서 하나의 목표를 이뤄가는 방식이다. 미국에서는 이용자들을 '부분 유료화'에 익숙해지게 만드는 데 집중했다. 기본 게임은 무료로 즐기되, 아이템을 별도로 구입하면서 좀더 재미있게 게임을 즐길 수 있도록 한 것이다. 이를테면, 유료 아이템을 장착함으로써 게임 속 캐릭터를 이용자가 원하는 모습으로 꾸며가는 방식이다. 이 부분 유료화 모델은 〈카트라이더〉 〈메이플스토리〉 등 간단히 즐길 수 있는 캐주얼 게임을 중심으로 정착해갔다. 한편 유럽에서는 캐주얼 게임보다는 〈마비노기 영웅전〉 같은 고급 사양의 게임들을 내놓았다. 유럽 이용자들은 가볍게 즐기는 게임보다는 그래픽이 화려하고 많은 미션이 부여되는 진지한 게임을 선호하기 때문이다.

나의 연구실 벽에는 TV가 거꾸로 달려 있다. 거꾸로 된 TV를 본 지도 벌써 7년째다. 나는 하루에 10분 이상 이 TV를 시청한  다. TV를 거꾸로 보면 세상 만물이 거꾸로 보이기 시작한다. 세상을 거꾸로 보면, 기존의 관념에서 벗어나 새로운 방식으로 생각하는 능력이 길러진다. TV의 위아래를 바꾸면 세상이 어떻게 달리 보일지, 스스로 질문해 얻은 변화다.

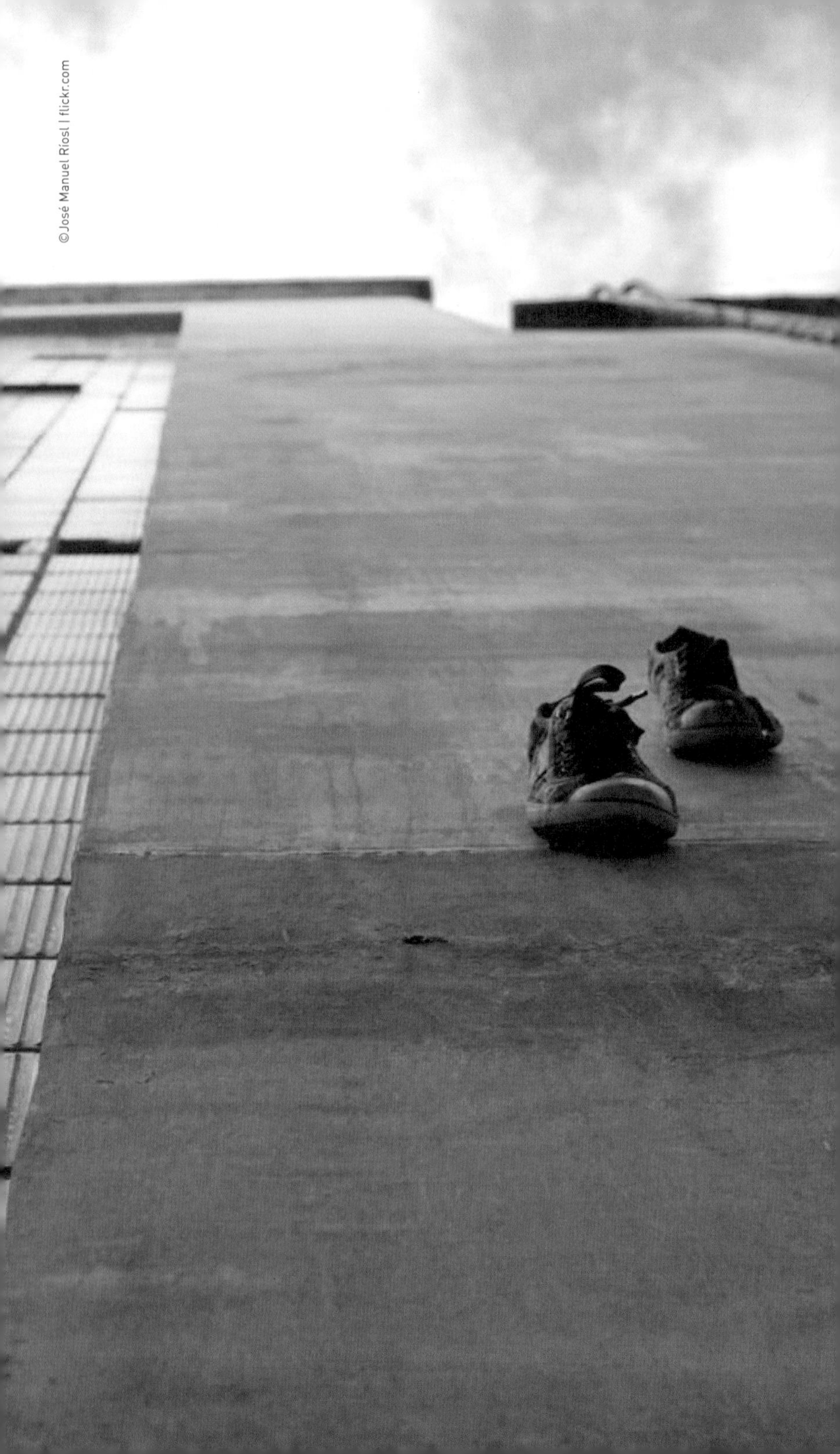

**66** 공간의 구속에서 벗어나면 **99**
생각도 자유로워진다

# CREATIVE
# STORY
# 3-4

---

더 얇게, 더 가볍게,
하지만 더욱 넓게

이제 공간축에서의 마지막 룰을 소개하겠다. 첫번째 룰인 모양 바꾸기, 두번째 룰인 위치 바꾸기에 이어, 지금 제시하는 세번째 룰, S3는 크기 바꾸기를 통해 새로운 생각을 갖게 도와주는 내비게이션이다.

- 크기를 줄이면 어떻게 될까?
- 크기를 키우면 어떻게 될까?
- 두껍게 하면 어떻게 될까?
- 얇게 하면 어떻게 될까?
- 두께를 균일하지 않게 만들면 어떻게 될까?
- 무게를 줄이면 어떻게 될까?
- 무게가 변화하도록 만들면 어떻게 될까?

## 새로운 생각의 법칙 06. 크기 바꾸기

여기 반도체 칩이 있다. 우리가 현재 사용하는 모든 전자기기에 들어 있는 것으로, 수 기가바이트 용량에 달하는 전자소자가 이 작은 칩하나에 집약돼 있다. 크기 바꾸기를 적용한 대표적인 예다. 전 세계의 반도체 연구자들과 생산자들은 더 작고 더 집약적인 칩을 개발하고자 연구에 매진하고 있다.

스마트폰을 비롯한 스마트기기 제조사들은 얇고 가벼운 제품을 경쟁적으로 선보이고 있다. 그러면서도 가능한 한 넓은 화면을 기기에

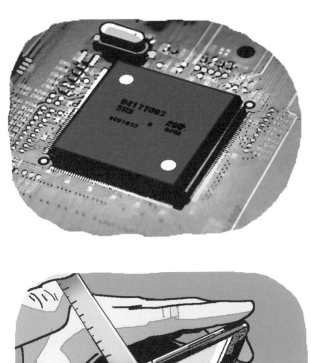

장착하고자 애쓴다. 소비자의 다양한 요구를 고려해 크기를 효율적으로 조절함으로써 새로운 부가가치를 창출하고 있는 사례다.

크기 바꾸기 룰의 적용 사례는 TV 제품에서도 찾아볼 수 있다. 소비자들은 좀더 얇고 가벼운 TV를 원한다. 물론 화면은 스마트기기에서와 마찬가지로 이전보다 넓은 것을 선호한다. 이런 요구에 부응해, 현재 생산되는 TV는 화면 외곽의 프레임이 매우 가늘어졌다. 크기 바꾸기를 적용한 신제품 경쟁은 이처럼 치열하다.

이번엔 새로운 개념의 냉장고를 떠올려보자. 바로 화장품 보관용 냉장고로, 냉장고는 가능한 한 커야 한다는 기존의 관념에서 벗어난 제품이다. 크기를 줄이니 냉장고가 화장대 위에도 올라가게 되었다. 앞서 S2, 위치 바꾸기 룰에서 살펴본 벽걸이 세탁기는, 이러한 크기 바꾸기 적용 사례에도 해당한다고 볼 수 있다.

## 시야는 '발 위'가 아닌 '머리 위'로

이제는 제품을 만들려면 기획 단계부터 세계인이 좋아하는 스타일을 파악해 반영해야 한다. 선박이나 반도체, TV 등이 주력 수출 제품이던 시절에는 문화적인 요소의 중요성을 오늘날만큼 크게 인식하지 못했다. 그러나 사용자 인터페이스가 적용된 스마트기기 제품을 만들어 수출하기 시작하면서, 문화적 요소에 대한 고려가 무엇보다 중요함을 새삼 깨달았다. 우리 스스로를 세계적인 기준에 맞추는 작업은 이제 필수가 되었다.

유럽, 미국 등 세계 각지에서 유행하고 있는 케이팝은 철저한 세계화 전략으로 이룬 성공 사례다. 작곡, 안무, 무대시설 등에서 한국

의 문화적 기반을 넘어 세계인이 좋아하는 요소들을 파악해 그들의 기호에 맞게 기획했다. 근래 세계적인 성공을 거둔 가수 싸이의 음악은, 전 세계인이 거부감 없이 즐기도록 '웃음'이라는 코드에 집중해 만들어졌다.

시야를 한국이 아닌 다른 지역으로 돌려 제품 개발과 판매에 성공한 사례는 많다.

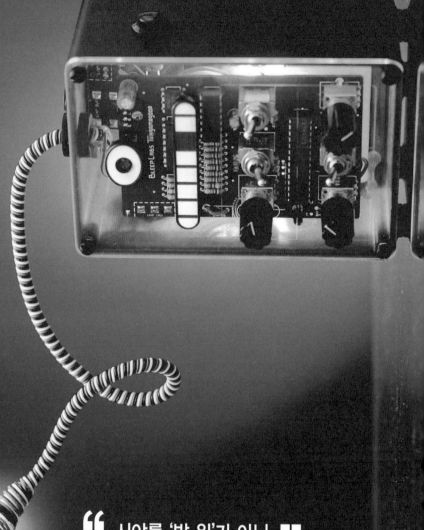

"시야를 '발 위'가 아닌"
'머리 위'에 두면
더 많은 것들이 보인다

그중 하나로, 중동 지역에서 성공을 거둔 LG전자의 스마트폰 제품을 들 수 있다. 이 지역에 판매하는 제품에 탑재한 한 가지 기능이 소비자들에게 어필한 것이다. 이슬람교 신자들은 성지 메카를 향해 하루에 다섯 차례 기도를 올린다. 어디에 가 있든 그들은 메카의 방향을 찾아서 기도한다. LG전자는 이에 착안해, 메카의 방향을 알려주는 기능을 스마트폰 제품에 탑재했다. 기도를 올릴 방향을 쉽게 찾아주는 이 제품이 이슬람권 소비자들에게 각광받은 건 당연한 일이다.

이처럼 내가 발 딛고 선 지역이 아닌 다른 곳의 환경을 떠올려보면, 우리는 전혀 새로운 발상을 하게 된다. 공간축을 따라 다른 지역으로 이동하며 나에게 질문을 던져보자. 지금 내게 주어진 문제가 중국에서는 어떻게 느껴질까? 미국에서는? 이슬람 지역에서는? 공간축을 따라가는 이런 이동이 자신을 지금의 위치에서 해방시켜준다.


예일 대학의 에이미 추아 교수는 저서 『제국의 미래』에서, 인류 역사 속 강대국의 흥망성쇠를 연구했다. 로마제국, 몽골제국, 스페인, 영국, 미국 등 강대국의 발흥과 쇠락 과정을 살펴보고 그 원인을 분석해보았다. 그가 내린 결론은 바로 '관용'이다. 외부의 문물과 인력을 관용의 자세로 받아들인 나라는 부강해지고 번성했다. 그런데 이렇게 번성한 나라도 자신들의 순수성을 강조하며 배타적인 자세를 보이면 결국 쇠락의 길로 접어들고 말았다는 내용이다.

국가와 기업, 그리고 개인 역시 항상 글로벌한 자세로 생각해야 한다. 그래야 새로운 문화적 요소가 속속 유입되어 우리를 자극해준다.

이때 전혀 색다른 아이디어가 샘솟는다. 개인의 미래를 설계할 때도 마찬가지다. 자기의 현재 위치에 고착되지 말고 시야를 세계로 돌려야 한다. 그래야 세계인으로 성장할 수 있다.

# SUMMARY

1. 공간축에서 이동을 통해 현재 위치, 현재 모습에서 자신을 해방시키자.

2. S1, 모양 바꾸기 룰을 적용해 질문을 던져보자.

   - 직선 형태를 띤 물체를 곡선으로 바꿔보면 어떻게 될까?

   - 대칭형을 띤 물체를 비대칭형으로 바꾸면 어떻게 될까?

   - 단속적으로 되어 있는 것을 연속적으로 만들어보면 어떨까?

   - 단단한 물체를 탄력성 있게 만들면 어떻게 달라질까?

   - 밋밋한 표면을 오돌토돌하게 만들면 어떻게 달라질까?

3. S2, 위치 바꾸기 룰을 적용해 질문을 던져보자.

   - 대상의 위치를 위로 올려보면 어떨까?

   - 대상의 위치를 아래로 내려보면 어떨까?

   - 무게중심을 아래로 내리면 어떨까?

   - 무게중심을 위아래로 변화 가능하게 하면 어떨까?

   - 대상의 무대를 지역 내로 한정할 것인가?

   - 대상의 무대를 글로벌하게 확장할 것인가?

   - 대상의 무대를 이곳이 아닌 다른 곳으로 설정해보면 어떨까?

4. S3, 크기 바꾸기 룰을 적용해 질문을 던져보자.

   - 크기를 줄이면 어떻게 될까?

   - 크기를 키우면 어떻게 될까?

   - 두껍게 하면 어떻게 될까?

- 얇게 하면 어떻게 될까?

- 두께를 균일하지 않게 만들면 어떻게 될까?

- 무게를 줄이면 어떻게 될까?

- 무게가 변화하도록 만들면 어떻게 될까?

# EXERCISE

1. 공간축의 세 가지 룰을 적용해 자전거를 새로 디자인해보자.

2. 주차 공간을 절약하는 자동차를 개발하려고 한다. 공간축의 세 가지 룰을 적용해 아이디어를 내보자.

3. 대형 슈퍼마켓의 신선식품 냉장고는 앞이 트여 있는데, 냉기가 밖으로 흘러나와서 에너지 효율이 떨어진다. 이를 개선하려면 어떤 질문을 던져봐야 할까?

4. 대형 슈퍼마켓에 상품을 진열할 때, 고객의 이용 편의성을 유지하면서 진열 공간 내에 보다 많은 상품을 채워놓고 싶다. 이때 적용할 수 있는 질문은 어떤 것이 있을까?

5. 지금 내가 쓰고 있는 볼펜에 S1 룰을 적용해 새로운 제품을 설계해보자.

6. 뚜껑이 열린 채로 넘어져도 물이 쏟아지지 않는 물통을 만들려고 한다. 어떤 질문을 해볼 수 있을까?

7. 교실의 칠판에 S1과 S2 룰을 적용해 새로운 형태를 디자인해보자.

8. 공간축의 세 가지 룰 가운데 적절한 것을 활용해 수식 $y = 1/\sqrt{8}$의 y값을 알아내보자.

9. 포도주 잔은 다른 컵에 비해 잘 넘어지고 쉽게 깨진다. 이 잔이 쉽게 넘어지지 않게 하기 위한 아이디어를 내보자.

10. 높은 데서 떨어뜨린 물체에는 가속도가 붙는다. 이 현상에 대해 어떠한 질문을 던져볼 수 있을까?

# PART —— 04
## 분 야 여 행

# CREATIVE
# STORY
# 4-1

---

## 분야를 뛰어넘은
## '돌출행동'의 힘

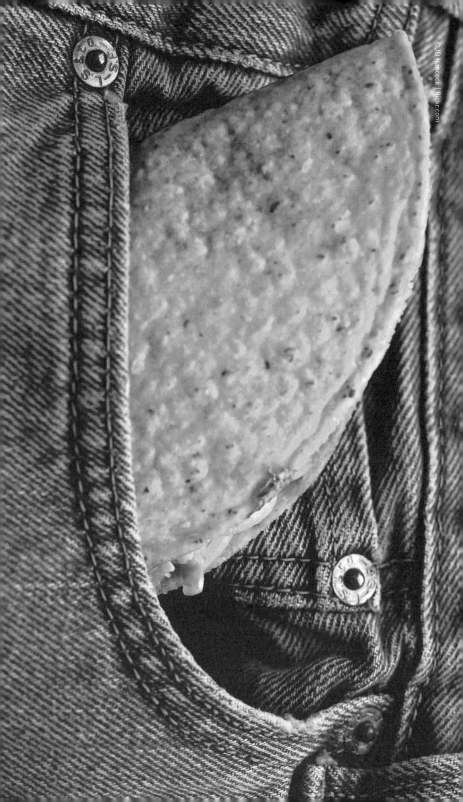

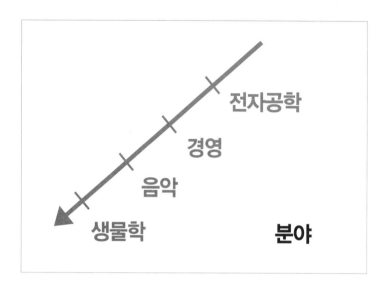

: 현대사회는 복잡하게 발전하기 때문에 모든 것을 두루 알기 어렵다. 넓게 알려고 하다보면 깊이가 없어진다. 반대로 하나에 깊게 집중하다보면 시야가 좁아져 폭넓게 사고하지 못하게 된다.

우리의 사고에도 원근법이 적용된다. 가까이 있는 것은 커 보이고, 멀리 있는 것은 작아 보인다. 가까이 있는 것은 중요해 보이고, 멀리 있는 것은 덜 중요해 보인다. 자기 입장에서만 보면 전체적인 균형을 맞추기 어려워진다. 다른 분야도 더불어 살피는 노력은 그래서 필요하다. 이를 위해 우리는 생각을 인위적으로 다른 분야로 이동해봐야 한다. 우리에게 어떤 문제가 주어지면, 분야를 바꿔 그것을 생각해봄으로써 새로운 아이디어를 얻을 수 있다. 이제 '분야' 내비게이션을 따라 생각의 여행을 해보자.

여기서 분야란 전공과목을 말할 수도 있고, 업무 영역을 말할 수도 있다. 어느 쪽이든, 현재 자신이 관심을 둔 분야를 가리킨다. 예를 들어 수학이나 물리, 경영, 미술 같은 분야일 수도 있고, 공연, 신용카드, 학교, 운동, 스마트폰 같은 분야일 수도 있다.

스티브 잡스는 우리의 삶을 혁명적으로 바꿔놓았다. 그렇다면 그는 뉴턴이나 아인슈타인처럼 자연의 비밀을 밝혀내는 과학자인가? 아니면 에디슨처럼 세상에 없던 물건을 만들어내는 발명가인가? 그는 어느 한쪽에만 해당한다고 볼 수 없다. 각기 다른 분야에 있던 것들을 조합하고 융합해 전혀 새로운 것을 만들어냈고, 그럼으로써 세계인의 삶을 크게 바꿔놓았다.


## 혁신의 3단계, 모방-미로 찾기-창조

스티브 잡스는 곧 혁신의 아이콘이었다. 혁신이란 무언가를 새롭게 시도해 긍정적인 방향으로 나아가게 만드는 것을 뜻한다. 모든 것이 혁신의 대상이 될 수 있다. 연구개발은 물론, 일을 진행하는 프로세스와 서비스도 해당된다.

그렇다면 혁신은 어떻게 이루어지는가? 혁신에는 3단계가 있다. 첫번째 단계는 모방이다. 이때는 목표가 명확히 설정돼 있다. 그리고 그것을 달성하기 위한 방법과 경로도 이미 주어져 있다.

두번째 단계는 경로를 찾아내는 미로 찾기다. 목표는 명확하지만, 거기에 도달하는 경로는 주어져 있지 않다. 이때는 외부의 도움을 기

" 현대카드의 성공 비결은 "
타 분야에 대한 벤치마킹이었다.
분야를 뛰어넘는 돌출행동,
그것이 새로운 전략을 만들어냈다

대하기 어렵다. 스스로 방법을 찾는 것 외에 별다른 도리가 없다.

세번째 단계는 창조다. 목표도 불명확하고, 이를 이루기 위한 방법 역시 주어져 있지 않다. 하지만 이를 가능케 할 때, 비로소 진정한 혁신이 완성된다는 점에서 반드시 거쳐야 할 단계다. 결국 혁신을 이루려면 모방에 그쳐서는 안 된다. 미로를 찾아나서고, 앞길이 불투명한 것에 도전하는 용기와 결단을 주저하지 말아야 한다. 즉 창조로 나아가야 혁신을 이끌어낼 수 있다.

## 현대카드의 성공 비결, 돌출행동

모방과 비슷한 개념인 벤치마킹은 다른 사물이나 제품을 관찰하고 분석해, 거기서 장점을 찾아내 배우는 전략이다. 대부분의 기관과 조직은 동종 분야의 경쟁 상대를 벤치마킹 대상으로 삼는다. 그런데 이러한 고정관념을 뛰어넘어 성공을 거둔 기업이 있다. 바로 현대카드다.

현대카드는 2001년 신용카드 업계에 뛰어들었을 때 시장점유율 1.8퍼센트의 꼴찌 업체였다. 그러나 현재는 시장점유율 2위권에 접어들어 업계 1위까지도 넘보고 있다. 이와 같은 성장의 비결은 바로 동종 업계가 아닌, 전혀 다른 분야에 대한 벤치마킹이었다. 현대카드는 기존의 신용카드 회사들이 해보지 않은 새로운 일에 도전했다. 전혀 다른 느낌의 광고를 제작해 방송하고, 카드 사용 포인트를 선지급하는 등 신선하고 획기적인 마케팅 전략을 펼쳤다. 또 카드에 독특한 디자인 개념을 적용해, 딱딱한 플라스틱 느낌을 줄이고 친근한 이미지를 쌓아갔다. 세계적인 뮤지션의 콘서트나 테니스 대회 등의 행사 개최도 현대카드의 브랜드를 널리 알리는 데 주효했다. 이상한 일들을 벌인다는 주변의 시선에 아랑곳없이 '카드 회사답지 않은' 일들을 기획하고 진행해온 것이다.

현대카드는 호텔이나 신문사, 미술관, 공연계 등, 신용카드 사업과 전혀 상관없어 보이는 분야의 업체들의 장단점을 분석해, 거기서 도출한 긍정적 아이디어들을 마케팅과 영업 등에 적용했다. 신용카드사의 것이라고는 보기 힘든 낯선 캠페인과 마케팅 전략이 집행되었고, 이런 돌출행동은 고객의 관심을 끌어모으는 데 큰 힘을 발휘했다.

하늘 아래 완전히 새로운 것은 없다는 말이 있다. 기존의 것들을 다양한 방식으로 융합해내는 게 곧 창조다. 그러기 위해서는 자신과는 다른 많은 것들을 눈여겨봐야 한다. 나의 전공, 나의 업무, 나의 회사를 떠나서 다른 분야를 들여다봐야 한다. 학교나 회사에서 전공이나 업무 분야가 다른 사람들이 모여 일하다보면 이따금 의견 충돌이 발생한다. 각자 자기 분야의 관점을 고집하느라 사고의 폭이 좁아져서 생기는 일이다. 그래서 최근에는 'T자형 인간'이 되어야 한다는 이야기가 많이 나온다. 'T자형 인간'이란 한 분야에 깊은 전문 지식을 갖춘 동시에, 다른 분야에 대해서도 폭넓게 지식을 갖춘 사람을 일컫는다.

앞서 살펴본, 일회용 컵을 새롭게 만드는 문제를 다시 한번 들어보겠다. 일회용 컵이라 하면, 우리는 바로 종이컵을 떠올린다. 현재 우리가 쓰는 일회용 컵이 대부분 종이컵이기 때문이다. 일회용 컵은 종이로 만드는 것이라는 고정관념에 빠져 있는 것인데, 그렇다면 일회용 컵의 소재, 그리고 기능에 대해서도 자유롭게 생각해보자.

- 일회용 컵에 전자 장치를 달면 어떨까?
- 수온에 따라서 색깔이 변하는 일회용 컵을 만들면 어떨까?
- 사용 후 먹어서 없앨 수 있는 일회용 컵을 만들면 어떨까?
- 펄프를 사용하지 않고 종이컵을 만들 수 있을까?

이 질문들에서 유추할 수 있듯, 분야여행을 하는 데도 세 개의 작은 룰이 있다. 첫번째는 기능 바꾸기, 두번째는 재료 바꾸기, 세번째는 융합하기다. 이제, 이 세 가지 룰을 토대로 분야여행을 떠나보자.

# CREATIVE
# STORY
# 4-2

———

고무줄로
만들 수 있는 것은
몇 가지나 될까?

필요는 발명의 어머니다.

에디슨

분야여행의 첫번째 룰은 F1, 기능 바꾸기다. 대상의 원래 기능을 새로이 바꾸거나, 다른 것이 그 기능을 대신하게 하는 것이다.

- 대상의 원래 기능을 다른 기능으로 바꿔보면 어떨까?
- 대상의 기능을 다른 곳에 활용할 수 있을까?
- 다른 것이 기능을 대신하게 해보면 어떨까?
- 기능의 형태를 바꾸어 다른 모습으로 보이게 하면 어떨까?
- 한 가지 기능으로 여러 가지 일을 하게 하면 어떨까?
- 다른 분야에 있는 기능을 끌어올 수는 없을까?

## 새로운 생각의 법칙 07. 기능 바꾸기

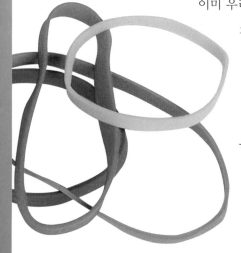

몇 가지 실제 사례를 들어 설명하겠다. 미처 인식하지 못했겠지만, 이미 우리는 고무줄이나 클립처럼 일상적인 물건들을 기능 바꾸기 룰을 적용해 다양하게 활용해오고 있었다.

고무줄은 원래 여러 개의 물건을 한데 묶거나, 묶어놓은 물건이 벌어지지 않도록 죄는 기능을 지닌 물체다. 그런데 이런 본래의 기능 이외에 다른 기능으로도 널리 사용되고 있다. 새총을 만드는 데 쓸 수도 있고, 장난감 현악기처럼 소리를 내는 데 쓸 수도 있다. 물건의 몸통에 감아 손에서 미끄러지는 것을 방지하거나, 뚜껑에 감아 잘 열리게 하는 데 쓸 수도 있다. 대상의 특성을 활용해, 기존의 기능을 다른 기능으로 바꿔본 예다.

클립 역시 기능을 바꿔볼 수 있다. 일반적으로 클립은 문서 낱장들을 합칠 때 사용한다. 그런데 우리는 클립을 다른 용도로도 쓴다. 한쪽 끝을 세워서 친구를 콕 찔러 놀라게 하거나, 일자로 펴서 철사 대용으로도 쓴다. 이 역시 기능을 변형한 예다. 사소한 변형이라고 할 수 있지만 창의력 개발에서는 사소하고 작은 발상 훈련이 큰 힘을 발휘하곤 한다.

전구는 빛을 내는 성질을 지닌다. 따라서 초기에는 전등에 쓰여 어두운 공간을 환히 밝히는 기능을 주로 했다. 그런데 교통신호등이 등장하면서 전구는 거리를 밝히는 것뿐만 아니라, 여러 가지 색으로 교통 흐름을 제어하는 기능을 추가하게 되었다. 역시 고유의 기능이 바뀐 사례다.


## 일상 속 작은 생각들이 모여 큰 생각을 만들어낸다


얼마 전 등산을 하다가 갑자기 비를 만났다. 등산복은 방수가 되는 제품이라 다행이었지만, 모자가 젖는 것이 문제였다. 어떻게 해야 할지 고민하는데, 생수를 담아서 들고 있던 비닐봉지가 눈에 들어왔다. 비닐봉지를 모자에 씌우니 순식간에 방수용 모자가 탄생했다. 물건을 담는 기존의 기능에 새로운 기능을 추가한 것이다.

갑자기 비가 올 때 들고 있던 물건으로 머리를 가리는 일은 누구나 쉽게 행할 수 있다. 문제는 그것을 의식하느냐, 의식하지 않느냐 하는 것이다. 단지 비를 피한 것에 만족하느냐, 비를 피한 방법을 되새김으로써 물건의 새로운 기능을 발견하느냐. 이게 곧 창의력 개발의 중요한 갈림길이다.

　누차 강조하지만 창의력이란 타고나는 것도 아니요, 어느 날 불현듯 머릿속을 스치는 섬광 같은 것도 아니다. 반복과 노력, 연습과 훈련을 통해 개발하는 것이 바로 창의력이라는 사실을 잊지 말자.

# CREATIVE
# STORY
# 4-3

———

재료의 변화가 불러온
놀라운 혁신들

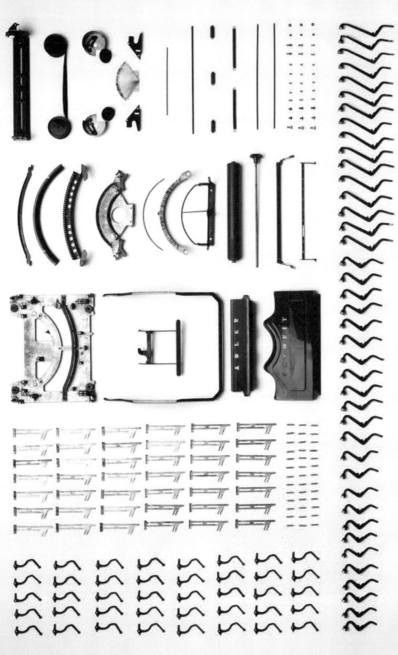

: 분야축 위에서 질문하기 위한 두번째 룰은 F2, 재료 바꾸기다. 현재 쓰이는 재료 말고, 다른 재료로 대체해보는 것이다.

- 재료를 다른 것으로 바꾸어보면 어떨까?
- 두 가지 이상의 재료를 결합하면 어떻게 될까?
- 기존 재료를 생략하면 어떻게 될까?
- 다른 재료를 추가해볼 여지는 없을까?

## 새로운 생각의 법칙 08. 재료 바꾸기

재료를 바꿈으로써 혁신을 불러온 사례는 쉽게 찾을 수 있다. 우선 TV를 보자. 과거의 TV는 지금과 달리 뚱뚱하고 무거운 몸체를 갖고 있었다. 화면으로 쓰인 브라운관이 커다란 튜브 형태였기 때문이다.

그러나 화면의 재료가 LCD 혹은 LED로 바뀜에 따라, 최근의 TV는 이전에 비해 훨씬 얇고 가벼운 몸집을 갖게 되었다. 재료의 변화가 불러온, 대표적인 제품 혁신 사례다.

## 66 재료의 변화는 99
## 제품의 혁신을 불러온다

다음으로 통신케이블을 보자. 기존에는 구리로 된 케이블을 사용했다. 그러나 광섬유라는 새로운 재료가 개발됨에 따라, 현재 많은 통신 선로가 광섬유 케이블, 즉 광케이블로 대체되었다. 광케이블은 구리 케이블에 비해 훨씬 가볍고 통신 성능도 월등해 여러모로 유용하다.

주방에 있는 도마는 어떤가. 위의 사진을 보면 나무 도마 위에 포개져 있는 투명한 물체가 하나 보일 것이다. 투명 책받침 같아 보이지만, 이것 역시 도마다. 오랜 세월 동안 나무가 도마의 재료로 사용되어왔는데, 이제는 나무 대신 플라스틱이 도마의 재료로 각광받고 있다. 플라스틱 도마는 나무 도마에 비해 가벼워서 누구든 편하게 사용할 수 있다. 또 씻은 후 말리는 데 드는 시간도 짧아서 보관과 위생 면에서도 월등하다.

냉장고나 에어컨의 냉매로 널리 쓰여온 CFC, 즉 프레온가스에 관해 살펴보자. CFC는 불연성이고 화학적으로 안정한 성질을 지녀, 오랫동안 안전한 냉매로 인식되고 사용되어왔다. 그러나 이 물질이 지구의 오존층을 파괴한다는 사실이 뒤늦게 알려졌다. 오존층이 파괴되면 우주에서 오는 자외선이 차단되지 않고, 지구상의 생명체들이 강한 자외선에 그대로 노출되어 큰 피해를 입게 된다. 이러한 문제가 널리 알려지면서 CFC 사용을 중단하자는 데에 전 세계가 동의했다. 하지만 여전히 많은 곳에서 CFC가 사용되고 있다. CFC를 대체할 친환경적이고 경제적인 물질을 개발해야 하는 과제가 우리에게 주어져 있다. 이 역시 F2, 재료 바꾸기에 관련된 문제라 할 수 있다.

## 재료를 바꾸면 '생각의 맛'이 달라진다

흔히들 요리를 하는 데, 요리사의 실력만큼 식재료 선택도 중요하다고 말한다. 어떤 재료를 쓰느냐에 따라 음식의 맛이 확연히 달라진다는 것이다. 생각도 마찬가지다. 여러 재료를 사용해보는 과정에서

**"** 재료에 따라 음식의 맛이 달라진다. **"**
생각도 마찬가지다

생각의 맛과 질을 개선해나갈 수 있다. 그런 의미에서 창의력 개발은 요리와 비슷하다고 할 수 있다. 이전에는 써보지 않았던 식재료를 과감히 사용해보고 기존과는 다른 방식으로 조리해보는 과정에서 새로운 음식이 탄생하듯, 우리의 일상과 사고도 재료 바꾸기를 통해 전혀 새로운 형태로 거듭날 수 있다.

# CREATIVE
# STORY
# 4-4

---

창의의 삼박자,
개방, 포용, 융합

분야축 위에서의 세번째 룰은 F3, 융합하기다. 이 룰을 적용해 기존의 기능을 다른 분야에 있는 기능과 연계하거나 융합하는 질문을 만들 수 있다.

- 현재의 기능을 다른 기능과 융합하면 어떻게 될까?
- 기존의 장치들을 한데 융합하면 어떤 새로운 장치가 탄생할까?
- 내가 원하는 장치가 나오려면 어떤 기능들이 결합되어야 할까?
- 서로 다른 기능을 동시에 병렬로 동작하게 하면 어떨까?

## 새로운 생각의 법칙 09. 융합하기

태블릿PC에는 키보드가 따로 마련돼 있지 않다. 문자나 숫자 입력이 필요한 애플리케이션을 켜면, 화면 하단에 키보드가 자동으로 나타난다. 기존 데스크톱에는 키보드와 모니터가 별도의 장치로 구비되어 있었으나, 태블릿PC는 터치스크린 기능을 활용해 디스플레이 속에 가상의 키보드를 집어넣었다. 기능 융합의 좋은 예다.

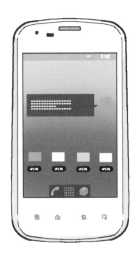

　스마트폰도 마찬가지다. 기존의 휴대전화에 컴퓨터의 기능을 결합
해 만들어낸 제품이다. 최근 보급이 늘고 있는 스마트TV 또한 기존의
TV와 컴퓨터를 융합해 만든 장치다. 기능 융합을 통해 새로 태어나는
스마트기기들은 이처럼 다양해지고 있다.

　디지털카메라 역시 주목할 만하다. 기존의 디지털카메라는 많은 양
의 사진을 찍고 그 파일을 보관하는 기능을 갖추고 있었다. 그런데 여
기에 모바일 기능이 더해졌다. 디지털카메라로 찍은 사진을, PC 등을
거치지 않고 손쉽게 온라인상에 올릴 수 있게 한 것이다. 디지털카메
라를 즐겨 사용하며 자신이 촬영한 사진을 SNS를 통해 공유하길 즐
기는 사람에겐 더없이 편리한 장치다. 모바일 기능을 접목한 전자제
품의 미래를 보여주는 좋은 예라 할 수 있다.

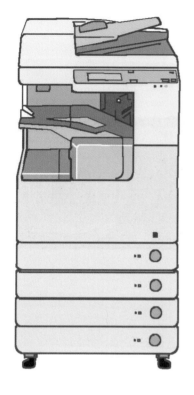

사실, 기능 융합을 통해 태어난 장치는 이전에도 존재했다. 커다란 복사기처럼 생긴 이 장치가 대표적이다. 디지털복합기라 불리는 이 장치는 복사 기능은 물론, PC의 문서 파일을 출력하는 프린터 기능도 수행하고, 인쇄물을 스캔해 디지털 이미지로 저장하는 스캐너 기능까지 갖췄다. 별도로 존재하는 세 가지 전자기기의 기능을 한데 구현해 낸, 대표적인 융합형 장치다.

이번엔 집에 있는 TV를 가만히 바라보자. TV를 켜고 방송을 시청할 때는 큰 화면으로 영상을 볼 수 있어 좋다. 하지만 전원을 끈 뒤엔 어떤가? 새까만 화면이 거실이나 방의 한쪽 벽면을 크게 차지하고 있어 보기에 썩 좋지 않다. 놀고 있는 TV 화면을 다른 목적으로 활용하는 방안은 없을까? 약간의 기술을 접목하면, 전원을 끈 새까만 화면을 말간 거울로 변신시킬 수 있지 않을까 하는 생각을 해본다. 이 또한 F3, 융합하기의 룰을 적용해 얻은 아이디어다.

## 융합의 결실,
## 카이스트 바이오및뇌공학과

'융합'에 대해 생각할 때, 잊지 않고 떠올리는 사연이 하나 있다. 바로, 내가 몸담고 있는 카이스트 바이오및뇌공학과 설립에 얽힌 이야기다. 2001년의 일이다. 당시 나는 카이스트 전산학과에서 17년째 근무하고 있었다. IT 분야가 최고의 성장세를 보이던 때다. 나는 IT의 뒤를 이을 성장 분야가 무엇일지 궁금했다. 여러 사람들과 이야기를 나눈 끝에, 바이오 산업이 21세기의 선도 산업이 되리라는 결론을 내렸다. 그리고 컴퓨터를 연구하는 교수로서, 나의 전공 기술을 바이오 기술과 접목하는 방법에 대해 궁리했다. 바이오 기술과 정보 기술의 융합을 통해 새로운 분야를 개척하면 미래 사회에 크게 기여할 수 있으리라 판단한 것이다.

나는 바이오와 정보 기술을 융합해 연구하고 교육하는 학과를 만들자고 학교 본부에 제안했다. 새로운 학과에서 컴퓨터, 전자, 생물, 의학, 기계공학을 전공한 교수진이 공동으로 연구하고 교육하도록 하겠다는 계획이었다. 학교 내부의 초기 반응은 매우 부정적이었다.

"바이오와 전기전자 분야를 섞어서 단일 교과과정이 만들어질 수 있겠습니까? 생물학과도 아니고 컴퓨터학과도 아닌 애매한 학과를 나온 학생들이 취업이나 제대로 할 수 있겠습니까?"

거의 대부분의 사람들이 이런저런 의문을 제기하며 반대했다. 당시까지도 학문이란 물리, 화학, 수학, 전기, 기계, 경영 등의 분류에 따라 각기 연구하고 교육하는 것이라 생각되었다. 서로 다른 분야가 융합해 연구하는 학문이란 존재하기 어렵고, 그런 학문을 공부한 졸업생은 사회에서 설 자리가 없을 거라고 사람들은 말했다.

여러 우여곡절 끝에, 결국 학과가 만들어졌다. 반도체 장비 회사인 미래산업의 정문술 회장에게서 300억 원이라는 거액을 학과 설립 자금으로 받아왔다. 나와 뜻을 같이하는 동료 교수들은 불안해하는 학생들에게 비전을 보여주며 신설 학과를 선택하도록 독려했다. 실체를 알 수 없는 낯선 학과에 인생을 건다는 것은 물론 쉬운 일이 아니었다.

미국의 스탠퍼드 대학, MIT 등이 우리와 비슷한 시기에 바이오공학과를 설립했고, 뇌 연구가 활발해지면서 세계의 여러 대학에서 관련 학과가 많이 생겨났다. 그로부터 10여 년이 지났다. 그간 학문과 산업의 지형이 많이 바뀌었다. 국내에서도 나노·바이오 융합 학과와 뇌공학과 같은 유사 학과가 생기는 등, 융합형 연구와 교육은 학계 전반으로 퍼졌다. 융합을 하면 새로운 아이디어가 나온다는 것은 이제 정설이 되었다. 대기업들도 바이오 장비 산업에 투자하기 시작했다.

현재 카이스트 바이오및뇌공학과 졸업생들은 다양한 업계에서 영입하고자 하는 귀한 인재가 되었다. 기존 학과를 선택하는 안전한 길을 가지 않고, 미래를 보고 새로운 분야에 도전했던 학생들이다. 이들은 여러 대학에 신설된 바이오, 전자, 나노 기술 등의 융합 학과 교수 요원으로도 진출하고 있다.

**"** 카이스트 바이오및뇌공학과는 **"**
'융합'의 중요성에 대한 인식에서
탄생했다

## 집착이 가져온 역사적 오판

독일과 소련은 1939년 8월 23일 상호불가침조약을 맺었다. 그 직후인 9월 1일에 독일이 폴란드 서쪽을 침공하고, 같은 달 17일에는 소련이 동쪽을 침공함으로써 폴란드는 결국 양국에 분할 점령되었다. 독일과 소련은 폴란드라는 전리품을 사이좋게 양분함으로써 상호불가침조약을 지켰다. 그리고 한 걸음 더 나아가 9월 29일에는 우호조약을 맺어 우의를 다지기도 했다.

우호조약을 맺어 소련을 안심시킨 독일의 히틀러는 서부전선에 집중했다. 1940년 4월부터 6월 사이에 네덜란드, 벨기에, 룩셈부르크를 거쳐 프랑스까지 진격했다. 독일은 이제 동쪽의 소련만 제거하면 유럽 대륙을 석권할 수 있게 되었다. 욕망에 불탄 히틀러는 소련을 공격하기 위한 준비에 착수했다.

이때 소련의 스탈린은 독일의 침략을 예상하지 못했다. 심지어 여러 정보 채널을 통해 독일의 침공 가능성을 보고받았지만 이를 무시했다. 스탈린은 아주 구체적인 정보를 보고하며 독일의 침공에 대비해야 함을 주장하는 장군에게 면박을 주기까지 했다. 수십만의 적군이 전쟁 준비를 한다는데도 이를 전혀 대비하지 않는 불가사의한 상황이었다. 결국 소련군은 준비 없이 독일군의 침공을 맞아야만 했다.

독일은 1941년 6월 22일을 기해, 소련 서부를 전면적으로 공격했다. 스탈린은 독일군 침공 사실을 보고받았지만, 국지전에 불과할 거라며 이를 가볍게 여겼다. 히틀러는 가을까지는 모스크바를 점령할

스탈린과 히틀러. 두 독재자의 치명적인 오판은
전쟁의 국면을 결정적으로 좌우했다

것이라 호언장담했고, 전황은 이 말이 실현될 듯 전개되었다. 무방비
상태의 소련군은 속수무책으로 무너졌다. 소련군 병사들은 도주하거
나 투항하기에 급급했다. 거침없이 진군하는 독일군은 9월, 모스크바
진격을 코앞에 두게 되었다.

그러나 이번에는 히틀러가 판단 착오를 했다. 그는 전쟁 수행을 위
해 농산물과 천연자원을 확보해둬야 한다고 판단하고, 주력부대 병력
을 모스크바 쪽 대신 남쪽의 우크라이나에 집중시키라고 명령했다.
휘하의 장군들은 겨울이 닥치기 전에 전쟁을 끝내야 하므로 모스크바
진격이 우선이라고 주장했다. 그러나 히틀러는 자신의 견해에 반하는
장군들을 질책하고 명령대로 수행할 것을 지시했다. 우크라이나에서

시간을 소비한 독일군은, 결국 모스크바의 소련군에 시간을 벌어준 셈이었다.

한편 10월이 되자 독일군의 점령이 임박했다는 소식이 모스크바에 전해졌다. 독일 공군은 수시로 공습을 해왔다. 소련 정부는 쿠이비셰프를 임시 수도로 정하고, 모스크바 철수 계획을 세웠다. 10월 중순부터 피난 열차가 운행되었고, 모스크바 주재 외교관들과 고위 관료들은 임시 수도로 피신했다. 임시 수도에는 스탈린이 거주할, 40미터 깊이의 지하 벙커가 건설되기 시작했다. 모스크바를 덮친 공포는 극에 달했다. 도시를 빠져나가는 피난민으로 거리가 넘쳐났고, 도심은 무정부 상태에 빠졌다. 최대의 관심사는 스탈린의 모스크바 철수 여부였다. 그는 10월 18일에 특별 열차가 대기하고 있는 쿠르스키 역에 도착했다. 플랫폼을 서성거리던 그는, 그러나 기차에 오르지 않았다. 모스크바에 남기로 한 것이다.

다음날, 스탈린은 계엄령을 선포해 모스크바 시내의 질서를 확보했다. 그리고 볼셰비키혁명 기념일인 11월 7일에 군사 퍼레이드를 실시할 것을 명령했다. 독일군의 포탄이 떨어지는 상황에서 실시되는 매우 위험한 행사였다. 스탈린은 군사 퍼레이드를 통해 자신이 건재함을 드러내는 동시에 모스크바 사수 의지를 내보였다. 겨울 추위가 시작되자 독일군의 전력은 급속도로 약화되었고, 반면 소련군의 전투 의지는 되살아났다. 독일군은 서서히 밀렸고, 결국 히틀러는 1942년 4월에 완전한 패배를 인정하기에 이르렀다. 무적의 독일군이 소련과의 전쟁에서 내리막길을 걷게 되자, 제2차세계대전의 전황도 종전을 향해 전개되기 시작했다.

이처럼 두 독재자의 치명적인 오판은 전쟁의 국면을 결정적으로 좌우했다. 독일이 쳐들어올 거라는 보고를 무시한 스탈린은, 모스크바를 포기하기 직전 상황까지 몰렸다. 그리고 소련의 추위를 과소평가한 히틀러는, 주력부대의 진격 방향을 우크라이나로 돌려서 소련군에 반격의 기회를 제공했다. 이 두 사람의 오판은 모두, 자신이 관심을 둔 데에만 집착하느라 다른 곳에서 들어오는 정보를 살피지 않은 결과라고 볼 수 있다.


## 개방, 포용, 융합하라

앞의 예에서 보듯이, 특정한 상황이나 분야에만 시선을 고정하면 새로운 생각을 하기 어렵다. 고정관념에 빠지기 때문이다. 이를 방지하려면 우리는 분야축의 내비게이션을 따라서 생각을 이동해봐야 한다. 서로 다른 분야가 융합하면 충돌이 일어나 새로운 아이디어가 나온다. 자동차를 떠올려보면 간단히 알 수 있다. 오늘날의 자동차는 기계 분야의 제품인지 전기전자 분야의 제품인지 모를 정도로 여러 분야가 융합한 형태로 진화했다. 융합이 불러온 제품 혁신의 대표적인 사례다.

분야 간의 이동과 통합적 사고는 새로운 아이디어를 내기 위한 것만은 아니다. 지혜로운 삶을 위해서도 의미 있는 일이다. 우리는 일상

속에서 집착과 고집을 버리지 못해 아까운 시간을 허비하거나 타인과 갈등을 겪곤 한다. 이는 현실에 함몰되어 주변의 다른 것들을 살피지 못해 생기는 일이다. 다른 분야를 살핀다는 것은 개방적으로 사고한다는 뜻이다. 그리고 역지사지, 즉 다른 사람의 입장에 서서 이해해보고자 노력한다는 뜻이기도 하다.

개방이란 상대를 포용하고 융합하는 것이다. 이 세상에 개방하지 않고 흥한 조직이나 국가는 없다. 앞서 언급한 에이미 추아의 책『제국의 미래』의 분석이 다시 떠오른다. 강대국이 되는 비결은 바로 개방과 포용이다. 외부의 문물을 받아들이고 포용한 나라는 흥했고, 그러다가도 폐쇄성을 보이면 머지않아 망했다. 마오쩌둥과 함께 현대 중국을 건설한 저우언라이는 협상의 대가였다. 상대방과의 협상에서 이해가 일치하는 부분과 어긋나는 부분이 혼재할 경우, 그는 이렇게 말했다고 한다. "우리에겐 같은 면도 있고 다른 면도 있어서 좋다. 다양성은 그대로 유지하되, 일치된 것부터 우선 추진하자."

리처드 칼슨은『우리는 사소한 것에 목숨을 건다』에서 이렇게 말한다. "사소한 것에 연연하며 끙끙대지 않는다면, 많은 새로운 것을 수용하는 방법을 배울 수 있다."

# SUMMARY

1. F1, 기능 바꾸기 룰을 적용해 질문을 던져보자.

- 대상의 원래 기능을 다른 기능으로 바꿔보면 어떨까?

- 대상의 기능을 다른 곳에 활용할 수 있을까?

- 다른 것이 기능을 대신하게 해보면 어떨까?

- 기능의 형태를 바꾸어 다른 모습으로 보이게 하면 어떨까?

- 한 가지 기능으로 여러 가지 일을 하게 하면 어떨까?

- 다른 분야에 있는 기능을 끌어올 수는 없을까?

2. F2, 재료 바꾸기 룰을 적용해 질문을 던져보자.

- 재료를 다른 것으로 바꾸어보면 어떨까?

- 두 가지 이상의 재료를 결합하면 어떻게 될까?

- 기존 재료를 생략하면 어떻게 될까?

- 다른 재료를 추가해볼 여지는 없을까?

3. F3, 융합하기 룰을 적용해 질문을 던져보자.

- 현재의 기능을 다른 기능과 융합하면 어떻게 될까?

- 기존의 장치들을 한데 융합하면 어떤 새로운 장치가 탄생할까?

- 내가 원하는 장치가 나오려면 어떤 기능들이 결합되어야 할까?

- 서로 다른 기능을 동시에 병렬로 동작하게 하면 어떨까?

4. 상대방의 입장에 서서 이해해보는 '역지사지'의 자세는, 곧 분야를 이동해 생각해보는 일이다.

5. 개방과 포용이란 나와 다른 분야를 이해하고 그것과 융합하는 일이다.

# EXERCISE

1. F1과 F2가 동시에 적용될 수 있는 사례를 찾아 논의해보자.

2. F2와 F3가 동시에 적용될 수 있는 사례를 찾아 논의해보자.

3. 산악용 자전거를 제작할 때 적용해볼 수 있는 질문은 어떤 것이 있을까?

4. 하늘을 나는 자동차를 만들려면, 현재의 자동차에 어떤 룰을 적용해 질문을 던져봐야 할까?

5. 최고 시속 200킬로미터인 자동차의 속도를 시속 300킬로미터로 올리고자 할때, 적용해볼 수 있는 질문은 어떤 것이 있을까?

6. 스티브 잡스가 휴대전화를 보면서 스마트폰을 고안할 때, 스스로에게 어떤 질문을 던졌을지 생각해보자.

7. 일회용 컵을 말할 때 우리가 무의식적으로 종이컵을 떠올리는 이유는 무엇일까?

8. 스마트폰과 TV를 결합해 스마트TV를 개발한 사람은, 스스로 어떤 질문을 던져보았을까?

9. 인수분해를 할 때 적용할 수 있는 질문은 어떤 것일까?

10. 이동중인 물체를 더 빨리 이동하게 하려면, 어떤 질문을 적용해봐야 할까?

# PART ─ 05
# 생각의 조합

# CREATIVE
# STORY
# 5-1

---

더하고 곱하고
나누고 빼고…
창의는 조합이다

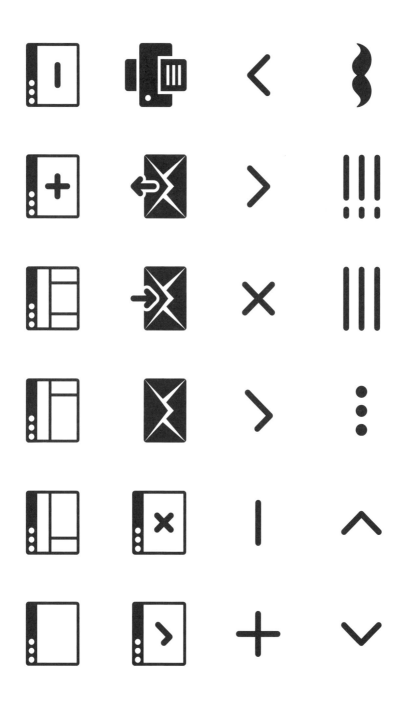

오늘날 완전히 새로운 아이디어란 존재하지 않는다. 기존의 사물이나 지식들이 서로 결합해 '새로워 보이는 것'이 만들어질 뿐이다. 미국 하버드 경영대학의 클레이턴 크리스텐슨 교수 등이 수행한 연구 결과도 이를 뒷받침한다. 6년 간 3000명의 회사 중역을 인터뷰해 얻은 결과는 '결국 창의성이란 완전히 새로운 것을 만들어내는 게 아니라, 이미 존재하는 다른 사실이나 지식을 조합하는 가운데 나오는 것'이었다고 한다. 그러기 위해서는 기본이 되는 지식을 많이 알고 있어야 한다. 세상 경험이 많고 지식이 풍부한 사람이 새로운 아이디어를 많이 내곤 하는데, 바로 이런 이유 때문이다.

스티브 잡스에 관하여, 카민 갤로는 『스티브 잡스 무한혁신의 비밀』에서 다음과 같이 말한다. "스티브 잡스의 특징은 '통합적 사고'라 말할 수 있다. 그가 세운 회사 애플은 기본적으로 기술을 바탕으로 한 제조회사다. 그러나 그는 기술에 집착하지 않고, 다른 분야를 융합하여 항상 새로운 아이디어를 냈다."

그의 장점은 서로 상관이 없어 보이는 사물을 연관지어 새로운 아이디어를 만들어내는 것이었다. 머릿속에 있는 지식과 경험은, 서로 연결해 새로운 조합을 많이 만들어낼 수 있는 좋은 소재가 되었다. 새로운 경험은 새로운 조합을 만들어내고, 그 새로운 조합은 뇌를 자극해 새로운 아이디어가 나오게 했다. 스티브 잡스는 인도식 명상에 관심이 많았고 인문학, 음악, 캘리그래피 등 다방면에 관심이 많았다. 그는 이런 관심 분야에서 쌓은 지식들을 IT 기술과 융합해 혁신적인 스마트기기들을 탄생시킨 것이다.

" 스티브 잡스의 특징은 "
'통합적 사고'다

## 2차원 평면 위에서의 아이디어 여행

앞서 살펴본 바와 같이, 질문을 만드는 세 개의 축이 있다. 시간을 이동해보는 시간축, 공간을 이동해보는 공간축, 그리고 분야를 이동해보는 분야축이 그것이다. 이제부터, 그중 두 개의 축이 만났을 때 형성되는 평면 위에서 어떤 질문을 던져볼 수 있는지 알아보겠다. 시간의 변화에 따른 공간의 변화를 상상하면서 아이디어 여행을 시작해보자.

일회용 컵을 시간-공간 평면에서 다시 생각해보자. 미래의 공간에서 일회용 컵은 어떻게 변해 있을까? 시간-공간 평면 위에서 자유롭게 이동하다보면 다양한 아이디어가 떠오른다.

- 20년 후 중국에서는 어떤 모양의 일회용 컵이 쓰일까?
- 10년 후 이슬람 문화권에서는 어떤 모양의 일회용 컵이 쓰일까?
- 10년 후 시베리아에서는 어떤 일회용 컵이 필요할까?
- 20년 후 사막 지역에서는 어떤 일회용 컵이 필요할까?
- 지구온난화가 심화되면 우리는 어떤 컵을 사용하게 될까?
- 20년 후 선박에서는 어떤 음료수를 즐겨 마시게 될까?

이번에는 시간-분야의 평면 위에서 생각해보자. 10년 또는 20년의 시간이 흐른 뒤에 일회용 컵의 재료와 기능은 어떻게 변할 것인가.

- 20년 후 사람들은 어떤 음료를 어떤 컵에 담아 마실까?
- 일회용 컵의 편리한 기능을 다른 곳에 활용할 수는 없을까?
- 미래에는 새로운 소재의 인공 펄프를 만들어 쓸 수 있지 않을까?
- 인공 펄프로 만드는 미래의 컵은 어떤 특성을 지닐까?

간단한 생각만으로도 이렇게 다양한 질문이 나온다. 모든 것을 시간의 흐름 위에 놓고 생각하면 금세 새로운 환경이 자신을 둘러싸고, 그에 따라 다양한 아이디어가 샘솟는다. 시간, 공간, 분야라는 생각의 틀이 없으면 나오기 어려운 아이디어들이다.

# CREATIVE
# STORY
# 5-2

---

## 생각의 조합 #1.
## 시간+공간

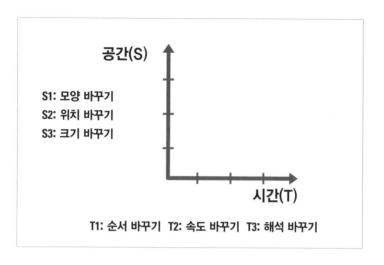

공간(S)

**S1: 모양 바꾸기**
**S2: 위치 바꾸기**
**S3: 크기 바꾸기**

시간(T)

**T1: 순서 바꾸기  T2: 속도 바꾸기  T3: 해석 바꾸기**

:우리는 시간축에서 세 가지 룰 T1·T2·T3를, 그리고 공간축에서 역시 세 가지 룰 S1·S2·S3를 정리해봤다. 시간축과 공간축에 각각 세 가지 룰이 있으니, 이를 결합하면 아홉 개의 룰이 만들어진다. 이제 이 아홉 가지 룰이 어떻게 적용될 수 있는지 알아보겠다.

오토바이가 커브 길을 고속으로 달려가는 모습을 보자. 거의 옆으로 눕다시피 하고 있지만, 실제로는 앞으로 전진하고 있다. 속도를 높이고 무게중심을 낮춘 덕에, 오토바이는 저렇게 많이 기울어진 상태에서도 넘어지지 않고 나아갈 수 있다. 이는 속도 바꾸기 룰과 위치 바꾸기 룰이 결합한 예다.

**❝** 바이크 선수의 무릎이 **❞**
도로에 닿을 정도로 기울었지만,
사실 오토바이는 아주 안전하게
곡선 구간을 통과하는 중이다

큐빅 퍼즐은 6개의 면이 각각 동일한 색으로 채워지도록 이리저리 돌려 맞추는 장난감이다. 작은 큐빅들을 돌려가며 이동시키는 데는 특정한 순서가 있다. 이 순서는 큐빅 색깔의 위치에 따라 결정된다. 따라서 이는 순서 바꾸기 룰과 위치 바꾸기 룰이 결합한 것으로 볼 수 있다.

**❝ 큐빅 퍼즐은 ❞**
**순서 바꾸기와 위치 바꾸기가**
**결합된 장난감이다**

다음은 반도체 칩의 회로 모습이다. 반도체 칩은 작은 공간에 매우 많은 수의 전자회로를 배치해야 한다. 전자회로란 전자소자를 정해진 순서로 연결한 것이다. 과거에는 전자소자를 연결할 때 단층으로 구성했다. 그러나 지금은 여러 층으로 구성한다. 단층으로 만들면 회로가 커지기 때문이다. 전자소자의 배치 순서를 조정하고 여러 층으로 분산 배치해, 현재와 같이 크기를 줄일 수 있었다. 순서 바꾸기 룰과 위치 바꾸기 룰을 적용하여 크기 바꾸기에 성공한 사례다.

비행기가 하늘을 나는 기본 원리를 설명한 그림을 보자. 비행기 날개를 잘라서 보면, 그 단면은 그림에서와 같이 위아래가 비대칭인 유선형을 띤다. 비행체가 고속으로 전진하면 날개 위쪽과 아랫쪽의 공

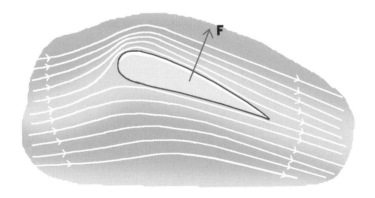

기 이동 속도가 달라진다. 이때 공기의 속도가 더 빠른 위쪽은 상대적
으로 압력이 낮아지고 속도가 낮은 아래쪽은 압력이 높아진다. 이렇
게 압력 차이가 발생하면 베르누이의 원리에 따라 날개가 위로 떠오
른다. 양력이 생기는 것이다. 바로 이것이 비행기가 하늘로 떠오르는
원리다. 속도 바꾸기와 모양 바꾸기 룰의 결합으로 얻어낸 결과다.

　스프레이의 작동 원리에서도, 속도와 압력의 관계를 정리한 베르누
이의 원리를 찾아볼 수 있다. 스프레이의 분사구는 매우 좁게 만들어
져 있다. 통 안에 있던 액체가 이 구멍을 고속으로 빠져나오는 순간,
압력이 매우 낮아지면서 공기중으로 분산된다. 이 또한 속도 바꾸기
와 모양 바꾸기 룰의 결합 사례라고 볼 수 있다.

속도 바꾸기와 모양 바꾸기 룰이 결합된 사례를 하나 더 보자. 코를
풀 때 우리는 어떤 자세를 취하는가? 코를 휴지로 감싸 쥐고, 손으로
콧구멍을 눌러 좁게 만든 다음, 강하게 공기를 내뿜는다. 콧구멍의 모
양을 바꾸는 동시에, 고속으로 바람을 내보내는 것이다. 이렇게 하면
콧구멍 속의 압력이 매우 낮아져서 코 안쪽에 있는 콧물이 밖으로 쉽
게 빠져나온다.

이번엔 다시 수학식을 보자. 수식 (1)은 x와 y의 관계를 나타내는
데, 어떤 관계인지 단번에 알기 어렵다. 순서 바꾸기 룰을 적용해보
자. 오른쪽 항에 있던 $-\sqrt{2}x^2$을 왼쪽 항으로 보내면 수식 (2)를 만들
수 있다. 이 수식의 왼쪽 항에 있는 $\sqrt{2}$로 양쪽 항을 나누면 수식 (3)

(1)  $\sqrt{2}y^2 = -\sqrt{2}x^2 + 2$

(2)  $\sqrt{2}y^2 + \sqrt{2}x^2 = 2$

(3)  $y^2 + x^2 = \dfrac{2}{\sqrt{2}}$

(4)  $y^2 + x^2 = \dfrac{2\sqrt{2}}{2}$

(5)  $y^2 + x^2 = \sqrt{2}$

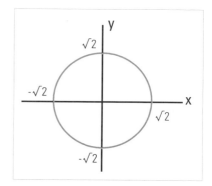

이 만들어진다. 이 수식 중 오른쪽 항의 분모에 있는 $\sqrt{2}$를 분자로 옮기기 위해 수식 (4)와 같이 분자와 분모에 모두 $\sqrt{2}$를 곱해주면, 이제 수식 (5)가 만들어진다. 수식 (5)를 얻고 나니 x와 y의 관계는 그래프상 원 모양이라는 사실을, 그리고 이 원의 반지름이 $\sqrt{2}$라는 사실을 알게 되었다. 이 역시 순서 바꾸기와 위치 바꾸기 룰의 결합으로 얻어낸 결과다.

이처럼 시간축, 공간축, 분야축에서 이루어지는 창의력 개발은 세 축의 조합을 통해서 더욱 발전시킬 수 있다. 현재의 프레임에 만족하지 않고 다른 프레임과의 조합을 통한 새로운 프레임 개발에 힘쓰면 더 새로운 생각이 가능해진다. 창의력은 한번 개발되면 영원히 쓸 수 있는 무한정한 자원이 아니다. 계속 갈고닦는 노력이 필요하다.

**" 생각 또 생각. "**
**멈추지 않고 갈고닦아야**
**창의력은 길러진다**

# CREATIVE
# STORY
# 5-3

---

## 생각의 조합 #2.
## 시간+분야

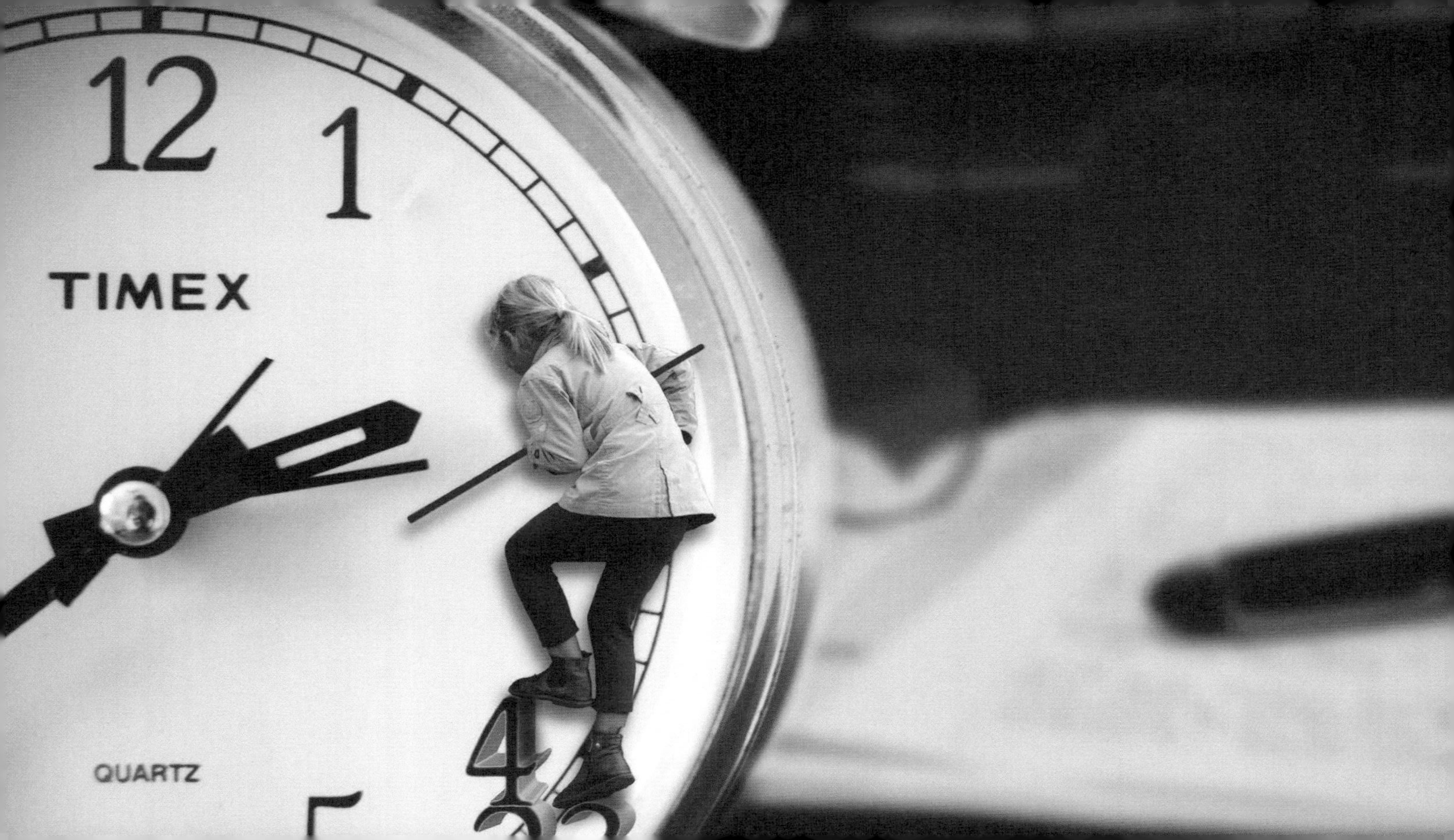
TIMEX
QUARTZ

이제 시간과 분야가 결합해 만들어내는 평면 위에서 어떤 질문을 해볼 수 있는지 알아보겠다. 시간축에는 순서 바꾸기, 속도 바꾸기, 해석 바꾸기 룰이, 분야축에는 기능 바꾸기, 재료 바꾸기, 융합하기 룰이 부여되어 있다. 시간축의 세 가지 룰과 분야축의 세 가지 룰이 결합해 총 아홉 가지 룰이 만들어진다. 이 룰이 적용된 새로운 아이디어들을 살펴보자.

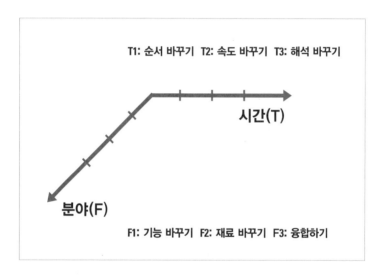

코닥은 필름 제조업체의 대명사였다. 130년 넘는 역사를 자랑하는 이 미국 회사는 전통적인 하이테크 기업이었으나, 최근 파산하기에 이르렀다. 그 원인은 무엇일까. 시간축과 분야축이 이루는 평면 위에서의 의사 결정에 실패했기 때문이다. 과거 아날로그 광학필름을 개발해 큰 성공을 거두었던 코닥은, 1975년에는 디지털카메라 원천 기술을 자체적으로 개발했다. 그러나 스스로 그 시장의 성장 가능성을 간과한 채 광학필름 생산에 치중하는 결정적 실수를 저질렀다.

반면, 광학필름 시장의 2인자였던 후지는 달랐다. 디지털카메라 기술이 나오자 광학필름 시장이 쇠퇴할 것임을 바로 알아차렸다. 후지는 자신들이 보유한 광학 기술을 바탕으로, 주력 산업과 연관성이 높은 다른 분야로 사업을 이동했다. 의료, 화장품 등의 분야로 사업을 확대한 결과, 지금은 내실 있는 회사로 재성장하고 있다. 코닥과 후지의 사례를 비교해보면 미래 예측이 얼마나 중요한지 알 수 있다. 시간축 위에서 미래를 내다보고 주력 분야를 정하는 것은 미래 예측의 핵심 전략이다. 순서 바꾸기와 기능 바꾸기 룰을 결합한 예라 할 수 있다.

**❝ 코닥과 후지의 사례를 ❞**
**비교해보면 미래 예측이**
**얼마나 중요한지 알 수 있다**

세계 최고의 전자제품 회사였던 일본의 소니도 최근 많은 어려움을 겪고 있다. 1990년대 후반에서 2000년대 초반에 일어난 디지털TV 붐에 재빨리 대응하지 못해 기술 개발에 뒤처진 탓이다. 시대를 앞선 워크맨 등의 제품으로 세계시장을 선도하던 글로벌 기업 소니가, 시간축 위에서 이루어지는 집중 분야 선정을 잘못해 지금의 어려움에 처하고 말았다. 시간축의 순서 바꾸기 룰과 분야축의 기능 바꾸기 룰이 이루는 평면 위에서의 질문에 적절한 답을 내놓지 못한 실패의 사례라 하겠다.

## 스마트폰과 보톡스의 공통점

스마트폰의 키보드를 보자. 이전의 휴대전화에서 키보드는 고정된 배열의 버튼을 구비한 장치로서, 주로 전화번호를 입력하는 용도로 쓰였다. 반면 현재 스마트폰의 키보드는 사용하는 애플리케이션에 따라 문자와 기호의 배열을 달리한 자판이 제시된다. 이 또한 순서 바꾸기와 기능 바꾸기 룰을 결합한 아이디어의 예다.

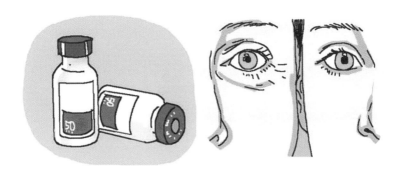

　근래 보톡스라는 약품이 미용 분야에서 각광받고 있다. 원래 보톡스는 1980년대에 안면근육 경련을 완화해주는 약물로 개발되었다. 그런데 이 약물을 사용하자 해당 부분의 근육이 부풀어올라 주름살이 완화되는 부수적인 효과가 나타났다. 이후 보톡스는 본래 목적을 넘어서서 주름 완화를 위한 약물로 더 널리 사용되었다. 이는 해석 바꾸기를 통해 기능 바꾸기를 이룬 예라 하겠다. 현재 신약 개발 분야에서는 보톡스의 사례와 같이, 기존 약품의 성분과 기능을 재검토해 새로운 역할을 부여하려는 연구가 활발하다.

# CREATIVE
# STORY
# 5-4

———

## 생각의 조합 #3.
## 공간+분야

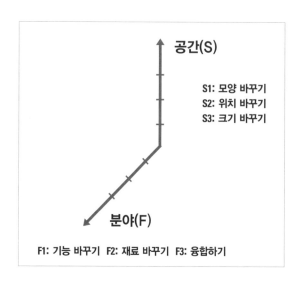

공간(S)

S1: 모양 바꾸기
S2: 위치 바꾸기
S3: 크기 바꾸기

분야(F)

F1: 기능 바꾸기  F2: 재료 바꾸기  F3: 융합하기

:이번에는 공간축과 분야축의 결합으로 형성되는 평면 위에서 생각해보자. 역시 각 축에 세 개의 룰이 준비돼 있다. 공간축에 있는 모양 바꾸기, 위치 바꾸기, 크기 바꾸기의 세 가지 룰이, 분야축에 있는 기능 바꾸기, 재료 바꾸기, 융합하기의 세 가지 룰과 만나 아홉 개의 작은 룰을 만들어낸다. 다음 예들을 살펴보자.

포크가 달린 숟가락을 보자. 숟가락 끝의 타원 부분을 포크 모양으로 바꿔, 국물을 뜨는 기능과 건더기를 찍어 올리는 기능을 한꺼번에 할 수 있게 했다. 간단한 모양 바꾸

기를 통해 기능 바꾸기를 이룬 사례다.

머리카락 자르는 가위도 비슷한 사례. 원래 가위는 칼날처럼 미끈하게 뻗은 두 개의 날로 이루어져 있다. 그런데 커트용 가위의 날은 빗살 형태로 만들어졌다. 머리카락이 일자로 잘리지 않고 자연스럽게 잘리도록 만든 것이다. 가윗날은 칼날처럼 매끄러워야 한다는 고정관념을 뛰어넘은 제품으로, 모양 바꾸기와 기능 바꾸기 룰을 적용한 예다.

화분처럼 생긴 이 장치의 정체는 뭘까? 바로 가습기다. 카이스트의 배상민 교수가 개발한 장치로, 기존의 가습기와 달리 화분 모양을 적용했고, 재질은 종이로 되어 있다. 모양을 달리하고 새로운 재료를 사용함으로써 새로운 기능을 확보한 좋은 예다.

요즘 TV나 스마트기기의 영상장치 재료로 주목받는, 휘어지는 디스플레이 패널을 보자. 과거의 평면 디스플레이 패널에는 LCD가 재료로 쓰였다. LCD는 화면 뒤에 백라이트가 있는 구조여서 화면을 곡선으로 만들 수 없었다. 그런데 이후 개발된 LED를 이용한 디스플레이 패널은 백라이트 없이 자체 발광하는 구조여서, 형태를 비교적 자유롭게 할 수 있다. 화면을 곡면으로 만든 LED TV나 휘어지는 스마트폰이 대표적인 개발 사례다. 곡면 TV는 영상의 입체감을 높여주고, 휘는 스마트폰은 휴대성을 높여준다. 모양 바꾸기와 재료 바꾸기 룰의 결합이 낳은 아이디어다.

## 왜 배우는지 알고 배우는 과학 교실

나는 대학원까지 공부했는데도, 학창 시절에 배운 수학 공식 중 어떤 의미를 가지고 어떤 용도로 활용되는지 끝내 알지 못한 것이 있다. 그것들이 지금 나의 실생활에 어떻게 적용되는지도 알지 못한다. 생각해보면, 원리를 이해하지 못한 채 시험을 준비하기 위해 공식을 외웠던 적도 있다. 이렇게 외운 것은, 물론 시험 직후 그 내용을 잊어버렸다. 우리의 수학과 과학 교육이 하루 빨리 극복해야 할 현실이다.

과학 교육의 목적은 자연계의 원리를 이해시키는 것, 호기심을 갖게 하는 것, 잠재적인 능력을 길러주는 것이라 할 수 있다. 그런데 현재 배우고 있는 것이 어떤 의미를 가지는지, 어디에 쓰이는지 알지 못한다면, 원리를 이해하기 어렵고 흥미를 갖기도 어렵다. 현실세계에서는 모든 것이 연결되어 있다. 하지만 교실에서는 수학, 물리, 화학, 생물을 따로따로 가르치기 때문에, 학생들은 이 분야들을 전혀 별개인 것처럼 인식하게 된다. 별개 과목으로 구분해 배우면서도, 가끔은 분야들을 연계해 공부할 필요가 있다. 그래서 "지난번 화학 시간에 배운 그 내용이 물리 시간에 이렇게 연결되는구나!" 하는 탄성이 나오게 해야 한다.

학교에서 수학과 과학을 가르치는 '틀'을 바꿔야 한다. 막연하게 '나중에 필요할 것이니 배우라'는 식이 아니라, 일상에서 이용되는 제품을 만드는 데 학문적 지식이 적용되는 실제 사례를 보여주면서 가르치는 것이다. 중·고등학교 과정에 '과학기술'을 배우는 시간이 추가되면 좋겠다. 시간을 많이 할애하지 않아도 된다. 정보 기술[IT], 바이오 기술[BT], 나노 기술[NT], 환경 기술[ET] 등 첨단 분야의 제품을 소개하는 특별활동 수준의 시간이면 충분하다.

오늘날의 제품들 속에는 이미 첨단 기술이 적용되어 있고, 그 바탕에는 중·고등학교 수준의 수학, 과학 지식이 깔려 있다. 이것을 교과서 수준으로 풀어서 가르치면, 학생들은 지금 배우고 있는 지식이 첨단 제품에서 어떻게 활용되는지 쉽게 이해할 수 있다. 수학, 물리, 화학적 요소가 한데 융합되어 있는 실제 제품들을 관찰함으로써 여러 학문 분야가 어떻게 연결되는지도 자연스레 알게 된다.

예를 들어, 스마트폰을 사례로 들 수 있다. 우선 무선통신의 기본 원리를 설명하고, 제품 속에 들어 있는 전자회로와 소프트웨어를 설명한다. 그것을 만드는 데 필요한 수학, 물리, 화학적 지식을 중·고등학교 수준으로 쉽게 풀어 설명하는 것이다. 또 자동차를 사례로 들어, 차가 고속으로 달릴 수 있게 하는 기본적인 기술을 소개하고, 그 바탕이 되는 수학, 물리 교과서의 내용을 설명해주는 식이다. 이와 같이 제품에서 과학 교과 내용을 배우는 방식을 RSP(Reverse Science from Product)라고 부른다. 이렇게 하면 STEM(Science, Technology, Engineering, and Mathematics) 또는 STEAM(Science, Technology, Engineering, Art, and Mathematics) 교육의 방향과도 일치한다.

그동안 우리는 학생들에게 과학에 대한 호기심을 불러일으킴으로써 공부하고자 하는 동기를 유발해야 한다고 말해왔다. 그러나 그 공부의 쓰임을 보여주지 않은 채 무조건 공부하라고만 말해왔다. 실제 제품과 교과 내용을 연결해 가르치는 방식이, 과학기술 교육 현장에 하나의 효율적인 답이 될 것이다.

**"** 학문적 지식이 첨단 제품에서 **"**
어떻게 활용되는지 가르치는 방향으로,
수학과 과학 교육의 틀을 바꿔야 한다

# SUMMARY

1. 시간축 위의 세 가지 룰(T1, T2, T3)과 공간축 위의 세 가지 룰(S1, S2, S3)을 결합하면 아홉 가지 룰을 만들 수 있다.

2. 시간축 위의 세 가지 룰(T1, T2, T3)과 분야축 위의 세 가지 룰(F1, F2, F3)을 결합하면 아홉 가지 룰을 만들 수 있다.

3. 공간축 위의 세 가지 룰(S1, S2, S3)과 분야축 위의 세 가지 룰(F1, F2, F3)을 결합하면 아홉 가지 룰을 만들 수 있다.

4. 클레이턴 크리스텐슨 교수의 연구 결과, '새로운 것은 이미 존재하는 다른 사실이나 지식을 조합하는 가운데 나온다'는 것이 확인되었다.

5. 스티브 잡스가 보여준 혁신의 비밀은 바로 '통합적 사고'다.

6. 실생활에 이용되는 제품을 보면서 과학을 배우는 것을 RSP라 한다. RSP를 통해 과학의 실제 활용 사례를 배울 수 있고, 여러 분야의 지식이 융합되어 하나의 제품을 이루는 예를 볼 수 있다.

## EXERCISE

1. 자전거에 T1+S1 룰을 적용하면 어떻게 될까?

2. 수식 $\sqrt{2}y^2=-\sqrt{2}x^2+3$을 3차원 룰을 적용해 새로 정리하고, 도형을 그려보자.

3. TV에 T1+S1 룰을 적용하면 어떤 새로운 제품을 만들 수 있을까?

4. 블록을 조립할 때 T3+S1 룰을 적용해 질문을 해보자.

5. 투명한 TV를 만들기 위해서는 지금의 TV에 어떤 질문을 해봐야 할지 생각해보자.

6. 접을 수 있는 키보드를 만들려면 어떤 질문을 해봐야 할지 생각해보자.

7. 접어서 휴대할 수 있는 디스플레이를 만들려면 어떤 질문을 해봐야 할지 생각해보자.

8. 무인항공기를 만들기 위해서는 어떤 질문을 해봐야 할지 생각해보자.

9. 풍선에 S1+F2 룰을 적용하면 어떻게 될까?

10. 피아노를 연주하는 인형을 만들려면 지금의 인형에 어떤 아이디어를 접목해야 할까?

# PART — 06

# 3 차 원 여 행

# CREATIVE STORY 6-1

---

케이팝은 어떻게
세계시장을
석권했을까

앞서 우리는 시간, 공간, 분야의 세 가지 내비게이션을 따라서 생각 여행을 다녀왔다. 각 여행별로 세 가지 작은 룰이 있었다. 시간에서는 T1·T2·T3, 공간에서는 S1·S2·S3, 그리고 분야에서는 F1·F2·F3 룰이다. 내비게이션을 따라 여행하면서 만나게 되는 이 룰들을 적용해 다양한 질문을 만들어볼 수 있었다.

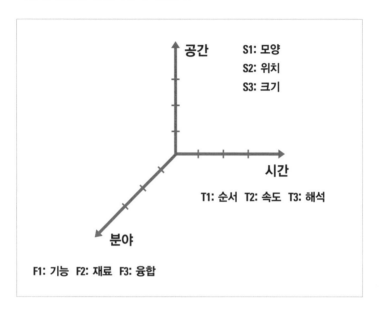

3차원 내비게이션

제안된 각 내비게이션은 좌표축에 해당한다. 이 세 개 축을 결합시키면 그림처럼 3차원 세상을 형성하게 된다. 아울러 각 축에 부여된 세 개의 룰을 3차원 속에서 결합하면 27개의 작은 룰이 도출된다. 몇 가지 예를 살펴보자.

　휴대용 자전거를 보자. 일반적인 자전거는 무게나 크기가 휴대하기에 적합하지 않다. 반면 그림 속 자전거는 모양을 바꾸고 무게와 크기를 줄임으로써 휴대용으로 기능을 변경시켰다. 모양 바꾸기, 크기 바꾸기, 기능 바꾸기를 적용한 제품이라 할 수 있다.

　이번엔 닭털 뽑는 기계를 보자. 과거에는 손으로 일일이 털을 뽑았으나, 지금은 이 기계를 통해 손쉽게 털을 뽑을 수 있다. 탈수기 원리를 이용한 것으로, 탈수기처럼 통을 고속으로 회전시키면 통 속에 달린 올록볼록한 고무들이 닭의 털과 마찰을 일으켜 털이 뽑히도록 했다. 즉, 탈수기처럼 통이 도는 속도를 높이되 통 내부 모양은 바꾸고, 이로써 새로운 기능을 만들어낸 것이다. 이는 속도 바꾸기, 모양 바꾸기, 기능 바꾸기의 세 가지 룰이 결합된 예라 하겠다.

　밤껍질 까는 기계도 아울러 살펴보자. 이것 또한 탈수기의 기본 구

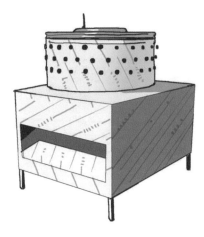

닭털 뽑는 기계                          밤껍질 까는 기계

조를 활용한 것으로 볼 수 있다. 통 안에 작은 칼날을 여러 개 부착한 구조로, 통에 밤을 넣고 고속으로 회전시키면 껍질이 벗겨진다. 회전 속도를 높이고 내부 모양을 바꾸어 새로운 기능을 지닌 제품으로 태어났다. 역시 속도 바꾸기, 모양 바꾸기, 기능 바꾸기가 결합된 예다.


## 케이팝의 시간-공간-분야 여행

한국의 대중음악, 즉 케이팝이 세계적으로 유행하고 있다. 문화의 본고장, 프랑스 파리와 미국 뉴욕의 공연에서도 현지 젊은이들이 열광적인 반응을 보였다고 한다. 케이팝을 이끈 걸그룹 소녀시대는 미국 CBS, ABC, NBC 방송의 토크쇼에 출연하며 세계적인 인기를 확인하기도 했다. 이처럼 한국을 넘어선 세계적인 성공 뒤에는, 공간과 분야의 벽을 뛰어넘은 창의적인 전략이 있었다.

케이팝 유행을 주도하고 있는 SM엔터테인먼트는 기획부터 남달랐다. 세계의 음악 트렌드를 분석하여, 이를 바탕으로 기획을 해나갔다. 그들은 음악이란 귀만 즐겁게 하는 것이 아니라 오감을 즐겁게 해주는 퍼포먼스라 정의했다. 감각적인 선율뿐만 아니라 춤과 무대를 통해 시각적 즐거움을 극대화했다. 기존의 음악 장르를 넘어서서 안무, 비주얼, 연기 등을 통합한 종합 무대예술을 만들었다.

SM엔터테인먼트는 일찌감치 세계적인 팝 전문가들과 교류를 시작했다. 세계로 나가기 위해서는 음악만 가지고는 되지 않기 때문이다. 세계적인 작곡가, 안무가, 음반 유통사, 공연장 전문가 등과 교류하면서 네트워크를 형성했다. 그리고 세계인이 좋아하는 요소들을 파악하고 수용했다. 한국인이 부르는 노래지만 한국적인 것을 고집하지 않았다. 세계적인 작곡가 그룹에 작곡을 의뢰하고 공동 작업을 하기도 했다. 걸그룹 에프엑스가 부른 노래 〈피노키오〉는 미국 작곡가 알렉스 캔트럴이 작곡했다. 소녀시대가 부른 〈소원을 말해봐〉는 노르웨이와 영국 작곡가들의 공동 작품이다. 서구적인 빠른 비트에 한국적인 멜로디를 살짝 올렸다.

안무는 단순하고 크고 강렬하게 구성했다. 이런 동작을 여러 멤버가 집단적으로 반복하며 선보였다. 모든 사람이 따라하기 쉬운 군무 형태다. 이런 안무를 짜는 데 10여 명의 해외 안무가를 참여시켰다. 미국인 닉 베스와 일본 출신 리노 나카소네가 대표적인 예다. 리노 나카소네는 재닛 잭슨과 브리트니 스피어스의 안무를 담당했던 유명 안무가로, 샤이니의 〈산소 같은 너〉 〈줄리엣〉 〈누난 너무 예뻐〉, 소녀시대의 〈소원을 말해봐〉, 에프엑스의 〈츄〉 등의 안무를 맡았다.

리노 나카소네는 특히 단순화된 동작을 강조했다. 소녀시대의 〈소원을 말해봐〉에 나오는 제기차기 동작과 화살 당기는 동작은 매우 단순하다. 카라의 〈미스터〉에 나오는 엉덩이 춤과 원더걸스의 〈노바디〉에 나오는 반복 동작도 그가 만든 안무다. 세계인이 모두 이해하고 따라하게 하려면 단순하게 만들어야 한다. 그러려면 세계인이 좋아하는 핵심 요소를 찾아서 강조하고, 나머지는 과감하게 없애야 한다.

케이팝 시장은 가수를 발굴하는 지역도 한국을 넘어섰다. 그룹 2PM의 닉쿤은 가장 성공적인 외국인 가수 선발 사례다. 2006년 미국 로스앤젤레스에서 발굴된 태국 출신의 닉쿤은 JYP엔터테인먼트의 연습생으로 시작하여, 몇 년 후에 성공적인 멤버로 자리잡았다.

| 시간(미래 전략) | 10년 후를 준비 |
|---|---|
| 공간(세계화) | 작곡가: 알렉스 캔트럴 등<br>안무: 리노 나카소네 등<br>가수: 닉쿤 등 |
| 분야(통합) | 음악, 안무, 연기의 종합예술 |

케이팝의 시간-공간-분야 여행

아예 외국시장을 겨냥해 가수를 교육시키고 음악과 안무를 준비하는 경우도 있다. 남성 그룹 키노는 처음부터 일본시장을 위해 만들어졌다. 교육도 일본에서 받아 현지 문화와 언어에 익숙하다. 데뷔도 일본에서 했고 노래도 일본어로 한다. 이와 같이 모든 것을 세계적인 관점에서 기획했다. '공간'을 뛰어넘어, 한국 것만을 고집하지 않았다. 음악에만 고집하지도 않고, 다양한 '분야'를 통합하여 종합적인 무대예술을 만들어냈다. 홍보 전략에서도 차이가 있었다. 장기적인 안목으로, 홍보 영상물을 유튜브를 통해 전 세계에 뿌렸다. SNS 등 새로운 미디어를 통해 소리 없이 세계의 젊은이들에게 다가갔고, 결국 해외의 젊은이들이 자발적으로 케이팝 공연을 요청하는 일까지 벌어지게 했다.

## 창의력을 습관으로 만드는 '창의력 왼손법칙'

우리는 지금까지 시간축에서 T1·T2·T3, 공간축에서 S1·S2·S3, 분야축에서 F1·F2·F3의 룰에 따라 다양한 질문을 던져보았다. 이와 같이 질문하는 습관이 만들어져야 창의력이 발달하는데, 이런 습관화를 위해서는 반복적인 행동이 필요하다. 반복을 하게 하는 가장 좋은 방법은 '칭찬'이다. 칭찬을 받으면 도파민 분비가 늘어나 쾌락을 느끼게 되고, 이 쾌락을 계속 느끼고자 같은 행동을 반복하게 된다. 이로써 뇌세포 회로가 형성되는데, 이것이 바로 습관이다.

이론만 알아서는 습관이 만들어지지 않는다. 습관을 만들려면 자꾸 반복 실행하여 체득해야 한다. 이를 위해, 앞서 간단히 소개한 창의력 왼손법칙을 좀더 자세히 소개하겠다.

사진과 같이 손가락을 펴보자. 과거에 배웠던 '플레밍의 왼손법칙'과 비슷하다. 이 손가락의 3차원에서는 중지가 시간축, 검지가 공간축, 그리고 엄지가 분야축을 나타낸다. 어떤 문제를 만나면 사진과 같이 손가락을 펴고 창의력 왼손법칙을 떠올려보자. 시간축에서는 어떤 질문을 할 수 있는가, 공간축에서는 어떤 질문을 할 수 있는가, 그리고 분야축에서는 어떤 질문을 할 수 있는가를 생각하는 것이다.

공교롭게도 손가락은 두 개의 마디를 통해 세 부분으로 나뉘어 있다. 손가락의 각 분절을 각각의 룰에 대응시킨다. 시간축을 나타내는 중지의 각 마디를 T1·T2·T3에 대응시키는 식이다. 대응시키는 순서는 뿌리 쪽부터 순서대로 할당한다. 마찬가지로 공간을 가리키는 검지에 뿌리 쪽부터 S1·S2·S3를, 분야를 나타내는 엄지에도 F1·F2·F3를 대응시켜 생각여행의 지표로 삼아보자.

어떤 문제를 만났을 때, 이처럼 창의력 왼손법칙을 적용하여 손가락을 펴고, 각 축에서 세 가지 룰을 순서대로 적용해보자. 이와 같이 T-S-F 3차원 속에서 다양한 룰을 적용해본다면, 우리에게 주어진 문제의 많은 부분을 해결할 수 있다.

# CREATIVE
# STORY
# 6-2

---

두뇌에서
새로운 감각이
만들어지는 원리

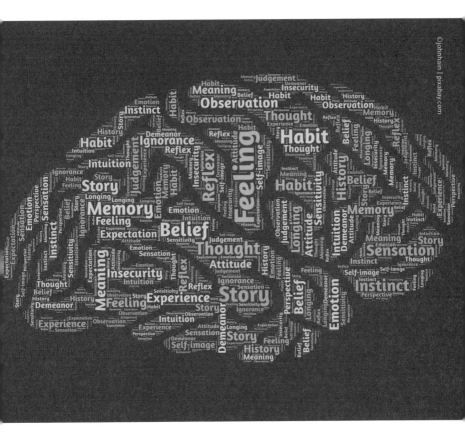

⠇우리는 태어나서 죽을 때까지 새로운 것을 배운다. 이렇게 형성되는 지식은 뇌 속에서 어떻게 기억되는 것일까? 그리고 뇌 속에서 새로운 생각은 어떻게 실행되는 것일까? 우리의 행동은 어떻게 결정되고 실행되는 것일까?

우리의 뇌 속에는 약 1000억 개 이상의 신경세포가 있다. 이를 뇌세포라 부른다. 신경세포는 세포체와 가지돌기, 신경돌기, 그리고 시냅스 등으로 구성되어 있다.

세포체는 세포의 가장 기본적인 몸체이고 이 속에 세포핵이 들어 있다. 가지돌기는 다른 신경세포로부터 신호를 받아들이는 역할을 한다. 신경돌기는 다른 신경세포에 신호를 전달하는 통신선로다. 그리고 신경돌기의 끝에 붙어 있는 시냅스가 다른 신경세포에 신호를 전해준다. 이렇게 전해진 신호는 가지돌기를 통하여 세포체로 전달된다. 여러 가지돌기를 통해 들어온 신호는 세포체에서 하나로 종합된

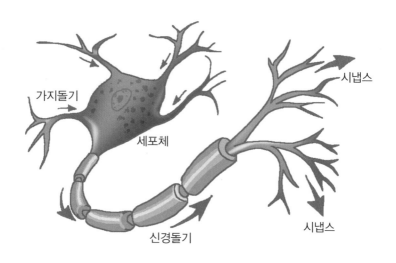

다. 이것이 신경돌기를 거치고 시냅스를 통하여 또다시 다른 세포에 전해진다. 신경세포에 흐르는 신호는 전기적인 신호다.

지금까지의 연구 결과에 따르면, 사람의 '생각'과 '기억'은 신경세포들의 협동에 의해 이루어진다. 신경세포들이 각기 독립적으로 일하는 것이 아니라, 세포들이 연결되어 만든 신경회로가 일을 수행하는 것이다.

이것은 반도체 칩 속의 전자회로가 일하는 방식과 비슷하다. 칩 속에 있는 전자소자들도 독자적으로 기능을 수행하지 못한다. 여러 개의 소자가 소규모 회로를 형성하고, 이 회로들이 개별 기능을 수행한다. 그리고 이 기능들이 모여서 통합된 칩의 기능을 수행한다.


## 습관도 신경회로가 만든다

신경세포는 서로 인접해 있다고 해서 무조건 연결되어 회로를 만드는 것이 아니고, 특정한 필요에 따라 연결된다. 서로 멀리 떨어져 있는 세포들도 필요가 생기면 연결된다. 전자회로에서 전자소자가 서로 인접해 있다고 하여 무조건 연결되지 않는 것과 마찬가지다.

호랑이를 기억한다고 해보자. 기억을 관장하는 영역 내의 수많은 신경세포 중 일부 신경세포들이 새로 연결되어 네트워크를 만든다. 이것이 호랑이를 기억하는 신경회로가 된다. 그런데 이 신경회로는 단번에 만들어지는 것이 아니고, 여러 차례 외부 자극이 있어야 만들어진다.

우리가 새로운 단어를 암기하려면 여러 번 반복해야 하는 이유가 바로 여기 있다. 호랑이를 자주 본다고 가정해보자. 앞서 살펴본 신호 전달 과정이 반복되며 신경세포 사이의 시냅스 연결이 점차 강해진다. 연결이 강해지면 신호 전달이 빨라지고, 거의 자동으로 이루어지기도 한다. 어떤 경우에는 의식하지 못하는 사이에 이루어지기도 한다. 이것이 바로 습관이다.

난처한 상황에 처하면 손으로 머리를 긁는 사람이 있다. 본인은 의식하지 못하고 하는 행동이다. 이것을 습관이라 부른다. 어떤 신호가 들어오면 손이 머리 쪽으로 올라가게 만드는 신경회로가 형성되어 있는 것이다. 언어 습득도 마찬가지다. 처음에는 익히기 어렵지만, 일단 습관이 되면 거의 자동으로 말이 나온다. 외국어 단어를 외우는 과정을 생각해보자. 처음 그 단어를 볼 때는 낯설고 기억하기 어려울 것만 같지만, 자꾸 반복하면 자연스레 기억이 된다. 뇌 속에 그 단어에 해당하는 작은 신경회로가 만들어지는 것이다. 이와 같이 일단 회로가 만들어지면 그 단어만 보면 거의 자동으로 기억이 나고, 그에 해당하는 사물을 인식하게 된다. 음악 연주도 마찬가지다. 연주자가 악기를 다룰 때 일일이 악보를 보지 않고 연주하는 경우가 많다. 이것도 신경회로가 만들어져 있기에 가능한 일이다. 물론 이런 회로를 만들기 위해서는 많은 반복 연습이 필요하다.

난처한 상황이 되면 머리를 긁는 습관도 처음에는 우연한 기회에 시작되었을 것이다. 그것이 반복되다가 자신도 모르게 습관이 되어

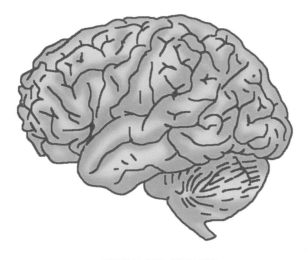

당신의 뇌 속에는 얼마나 많은
뇌세포 회로가 만들어져 있는가?

버린 것이다. 악기 연주나 손을 올리는 행동은 운동을 수반한다. 반면 언어를 익히는 것은 정신적인 습관을 만드는 일이다. 사물을 긍정적으로 보는 자세와 부정적으로 보는 자세도 바로 정신적인 습관이 낳은 차이다. 어떤 대상을 보는 패러다임 역시 정신적인 습관의 결과다.

피그말리온 효과란 게 있다. 무언가를 믿으며 간절히 바라면 결국 그 소망이 이루어지는 것을 말한다. 어떤 일에 대해 믿음을 갖고 간절히 바라면 뇌 속에 그에 해당하는 뇌세포 회로가 형성되어간다. 자극이 오면 그쪽으로 전기신호가 흐르고, 그러면 그에 해당하는 신경회로가 작동하여 사람의 행동을 그쪽으로 이끈다. 즉, 습관이 만들어진다. 이렇게 소망하는 것에 관련된 행동을 반복하면 당연히 그 소망이 이루어질 가능성이 높아진다. 그러나 모든 경우에 쉽게 신경회로를 만들 수 있는 것은 아니다. 유전적으로 타고난 것은 극복하기 상당히 어렵다. 예를 들어 왼손잡이로 태어난 사람을 오른손잡이로 바꾸려면 상당히 많은 노력이 필요하다. 또 좋지 못한 운동신경을 타고난 사람이 그것을 개선하는 데도 상당히 많은 노력이 필요하다. 그러나 불가능은 아니다. 선천적인 요인을 극복하기 위해서는 후천적인 노력이 더 필요하다.

어린이의 뇌 속에는 신경세포 사이에 아주 약한 여러 개의 연결만이 형성되어 있다. 아직 신경회로가 많이 만들어지지 않은 것이다. 성장하면서 언어도 배우고 사물에 대한 인식을 늘려가면서 어린이의 뇌 속에는 점차 많은 신경회로가 만들어진다. 어린 시절에 만들어진 회로는 자주 사용되기 때문에 오랫동안 유지된다. 그래서 어린 시절의 습관은 평생 변하지 않을 수도 있다. '세 살 버릇이 여든까지 간다'는 말은 뇌과학의 입장에서도 맞는 말이다.

나이가 많은 사람 중에는 고집이 센 사람이 많다. 이것 역시 뇌과학으로 설명할 수 있다. 나이를 많이 먹으면 자주 사용하는 신경회로는 강하게 연결되고, 사용하지 않는 회로는 거의 퇴화해버린다. 이렇게 되면 외부에서 새로운 것이 들어와도 신경회로가 받아들이지 못하는 경향이 생긴다. 이런 현상을 우리는 '고집이 세다'고 말하는 것이다. 또한 자주 사용하지 않으면 있던 회로가 없어지기도 한다. 오래된 친구의 이름을 잊어버리는 것, 또는 외국어를 자주 사용하지 않으면 현저하게 어휘력이 줄어드는 것은 바로 이 때문이다.

## TV 거꾸로 보기, 뇌의 맨손체조

어떤 사람은 우리의 성품은 대부분 타고나는 것이라 말한다. 물론 타고나는 요소가 있다. 만약 아무런 노력 없이 타고난 그대로 산다면, 뇌 속에는 생리적 본능을 수행하는 신경회로만 만들어질 것이다. 그러나 학습이나 교육을 통해 노력을 하면, 뇌 속에 인위적인 신경회로가 만들어진다. 즉, 선천적인 요소를 극복하는 후천적 습관이 생기는 것이다. 이와 같이 인간의 습관은 선천적인 요소와 후천적인 노력의 복합 작용에 의해서 만들어진다.

재능도 마찬가지다. 타고난 재능이란 게 분명 있다. 하지만 그런 재능도 연마하지 않으면 빛을 보지 못한다. 타고난 특성을 파악하여 일찌감치 적절한 연습을 거듭해야 그 재능을 잘 개발할 수 있다.

비록 타고난 재능이 없더라도 관심을 가지고 많은 노력을 하면, 재능을 타고난 사람보다 더욱 뛰어난 재능을 만들 수 있다. 이것을 대니얼 레비틴은 『뇌의 왈츠』에서 '1만 시간의 법칙'이라 불렀다. 한 분야에서 1만 시간 동안 지속적으로 노력하면 뛰어난 성과를 보인다는 것이다. 재능 탓을 하지 말고 이처럼 부단히 노력하면 타고난 것도 바꿀 수 있다. 습관은 물론 창의력도 바꿀 수 있다. 바꾸지 못하는 건, 포기한 채 노력하지 않기 때문이다.

TV를 거꾸로 달아놓고 시청하는 나의 습관에 대해 다시 이야기해 보겠다. 처음에는 쉽지 않았지만 이제는 완전히 적응했다. 나무나 건물이 모두 거꾸로 서 있고, 사람이 거꾸로 걸어다닌다. TV를 거꾸로 보니 모든 것이 달라 보인다. 익숙하던 사람의 인상도 전혀 달라 보인다. 화면 속 거꾸로 지나가는 자막도 읽을 수 있게 되었다.

TV를 거꾸로 보는 습관은, 고정관념을 없애고 나의 뇌 속에 새로운 신경회로를 만드는 일이다. 나는 이런 노력을 통해 인위적으로 신경회로를 만들 수 있음을 확인했다. 더 나아가 오른손잡이인 나는 왼손으로 젓가락질 연습을 한다. 또 바지를 입을 때 오른발을 먼저 넣던 버릇을 없애고 왼발을 먼저 넣으려고 노력한다.

어떤 사람은 나에게 "TV를 거꾸로 보는 게 어떤 장점이 있느냐"고 묻는다. 나는 "TV를 거꾸로 보는 것은 뇌의 맨손체조다"라고 답한다. 아침에 침대에서 일어나 스트레칭과 함께 맨손체조를 하면 몸이 풀리고 유연해진다. 이와 마찬가지로, 평소에 자주 사용하지 않는 뇌세포를 활성화해주면 뇌가 더 유연해진다.

# SUMMARY

1. 3차원 세상의 질문을 만드는 룰은 시간축, 공간축, 분야축에 각각 3개씩, 총 27개가 있다.

2. 탈수기의 기본 원리에 속도 바꾸기, 모양 바꾸기, 기능 바꾸기 룰을 결합해 적용하면 닭털 뽑는 기계, 밤껍질 까는 기계를 만들 수 있다.

3. 케이팝의 세계적인 성공은 시간, 공간, 분야, 3차원의 뛰어넘기를 통해 이룬 쾌거다.

4. 창의력 왼손법칙은 3차원 창의력 개발법을 시각적으로 보여준다.

5. TV를 거꾸로 보는 것은 뇌를 유연하게 해주는 스트레칭이고 맨손체조다.

**EXERCISE**

1. 교실에서 이루어지는 수업 방식에 T-S-F 3차원 질문을 적용해보자.

2. 국제특송업체들의 배송 시스템에 T-S-F 3차원 질문을 적용하면 어떤 변화가 생길지 논의해보자.

3. 주방용 칼을 세계적인 브랜드로 키우기 위한 T-S-F 질문에는 어떤 것들이 있는지 논의해보자.

4. 창의력 왼손법칙에서 엄지와 검지가 결합해 만들어지는 9개 룰을 되새겨보자.

5. 창의력 왼손법칙에서 엄지와 중지가 결합해 만들어지는 9개 룰을 되새겨보자.

6. TV를 뒤집어놓고 보는 연습을 해보자.

7. 사람의 재능에서 선천적인 요소와 후천적인 요소에 대해 논의해보자. 그리고 후천적인 노력에 의해서 바꿀 수 있는 부분이 어디까지 인지 생각해보자.

# 에필로그

---

## 누구나
## 천재가 될 수 있다

두뇌에 새로운 회로가 만들어지면 새로운 습관이 만들어지고, 결국 새로운 내가 만들어진다. 습관은 사람의 거의 모든 것을 결정한다. 부지런한 것도 습관이고, 성실한 것도 습관이고, 정직한 것도 습관이고, 말 잘하는 것도 습관이다. 이런 습관이 변하면 인품이 변한다. 결국 인품이 변하면 인생이 달라진다. 습관들을 바꿀 수 있다면, 곧 인생을 바꿀 수 있는 것이다.

새로운 나를 만들기 위해서는 뇌 속에 새로운 신경회로를 만들어야 한다. 그러기 위해서는 동일한 행동을 반복해야 한다. 즉, 습관을 만들어야 한다. 혼자 있을 때 스스로 질문하는 습관을 들이면 새로운 아이디어를 많이 얻을 수 있다. 여기서 필요한 게 바로 시간축, 공간축, 분야축의 3차원 질문이다. 3차원 질문은 매우 기본적인 요소라서 어느 경우에나 적용할 수 있다. 이 세상의 어떠한 문제도 시간, 공간, 분야의 3개 요소와 관련되어 있다. 그러니 3차원 질문은 모든 문제에 적용할 수 있는 범용 질문이다.

3차원 질문을 하는 것은 3차원 내비게이션을 따라 이동하는 것이다. 그러다보면 시간, 공간, 분야의 현실, 고정관념에서 벗어나 통합적으로 생각하게 된다. 결국 3차원 질문은 3개의 내비게이션을 따라가며 생각을 확장해보는 '생각의 틀'이다.

그러나 현실에서 벗어나 생각한다고 해서, 나에게 주어진 문제를 놓치면 안 된다. 주어진 문제는 분명히 인식한 채로 T-S-F 3차원 여행을 떠나야 한다. 그래야 그에 대한 적절한 질문을 하고, 새로운 아이디어를 얻을 수 있다.

인간은 대상의 구체적인 원리를 모르면 체념하기 쉽다. 그러나 원리를 알면 그에 따라 노력하면 된다. 옛날에는 병에 걸리면 운명이라 생각하고 신에게 구원해달라고 기도했다. 그러나 이제는 치료하기 위해 노력한다. 자동차의 구동 원리를 모르는 원시 부족은, 자동차가 고장나면 운명이라 생각하고 신에게 기도할 것이다. 이와 마찬가지로, 창의력이 어떻게 형성되는지 모르는 사람은 창의력은 타고나는 것이라 말한다. 그저 운명이라 여기고 체념한 채 노력하지 않는다.

이제 우리는 창의력 형성의 원리를 알았다. 자신감을 가지고 3차원 질문을 반복하고 노력하면 된다. 그러면 뇌 속에 수없이 많은 새로운 신경회로가 만들어지고, 결국 창의적인 사람으로 거듭날 수 있다. 그리고 어느날, 스스로 이렇게 묻게 될 것이다. "어, 누가 내 머릿속에 창의력을 심어놨지?"

# 누가 내 마음속에 물음표를 심어놨지?

ⓒ이영경 2015

초판 인쇄 2015년 4월 8일
초판 발행 2015년 4월 15일

지은이 이영경 | 펴낸이 강병선

기획 고아라 | 책임편집 강윤정 | 편집 고아라
디자인 김마리 | 마케팅 정민호 이연실 정현민 김도윤
홍보 김희숙 김상만 한명회 한아름 이천희
제작 강신은 김동욱 임현식 | 제작처 영신사

펴낸곳 (주)문학동네
출판등록 1993년 10월 22일 제406-2003-000045호
주소 413-120 경기도 파주시 회동길 210
전자우편 editor@munhak.com | 대표전화 031)955-8888 | 팩스 031)955-8855
문의전화 031)955-1933(마케팅) 031)955-1913(편집)
문학동네카페 http://cafe.naver.com/mhdn | 트위터 @munhakdongne

ISBN 978-89-546-3595-0 03320

* 이 책의 판권은 지은이와 문학동네에 있습니다. 이 책 내용의 전부 또는 일부를 재사용하려면
반드시 양측의 서면 동의를 받아야 합니다.
* 이 도서의 국립중앙도서관 출판예정도서목록(CIP)은 서지정보유통지원시스템 홈페이지
(http://seoji.nl.go.kr)와 국가자료공동목록시스템(http://www.nl.go.kr/kolisnet)에서 이용하실
수 있습니다. (CIP제어번호: CIP2015010171)

www.munhak.com